STÄRKE DEINE GEWOHNHEITEN

DEINE LEISTUNG OPTIMIEREN UND BESSERE GEWOHNHEITEN IN DEINEM LEBEN, DEINER ARBEIT UND DEINEN BEZIEHUNGEN KULTIVIEREN

GERMAN EDITION

SCOTT ALLAN

Stärke deine

Gewohnheiten

*Deine Leistung optimieren und bessere
Gewohnheiten in deinem Leben, deiner Arbeit
und deinen Beziehungen kultivieren*

Weitere Bestsellertitel von Scott Allan

Sieh dir hier die komplette Sammlung von Büchern und Schulungen an:

www.scottallanbooks.com

Stärke deine
Gewohnheiten

*Deine Leistung optimieren und bessere
Gewohnheiten in deinem Leben, deiner Arbeit
und deinen Beziehungen kultivieren*

Von Scott Allan

Scott Allan
PUBLISHING S A
ONE BOOK AT A TIME

INHALT

"Alle großen Dinge haben ihren Ursprung in kleinen Anfängen. Der Keim jeder Gewohnheit ist eine einzige, winzige Entscheidung."

- James Clear, Autor des Bestsellers *Atomic Habits*

Einführung: Stärke deine Gewohnheiten

"Und wenn du erst einmal verstanden hast, dass sich Gewohnheiten ändern können, hast du die Freiheit und die Verantwortung, sie neu zu gestalten."

-Charles **Duhigg**, *Die Macht der Gewohnheit*

Wir streben nach vielen Dingen im Leben. Wir alle setzen uns unterschiedliche Ziele und wünschen uns, bestimmte Ziele in Bezug auf Gesundheit, Wohlstand, beruflichen Erfolg, finanzielle Stabilität, Beziehungen, Liebesleben, Fülle, Spiritualität, Fitness, Ernährung und alles andere zu erreichen.

Bei diesem Streben verfehlen wir manchmal unsere Ziele, und manchmal gehen wir am anderen Ende als Sieger hervor.

Warum sind wir bei bestimmten Unternehmungen erfolgreich und erfreuen uns bestimmter Ergebnisse, während wir bei anderen scheitern? Einige denken vielleicht, die Antwort sei ein ausgezeichnetes Zeitmanagement, Selbstdisziplin oder starke Willenskraft. Andere haben vielleicht andere Antworten.

Beurteile einen Moment lang diese Eigenschaften und Tugenden.

Worum geht es beim Zeitmanagement? Es geht um die Erstellung von Zeitplänen, die Unterscheidung zwischen Aufgaben mit hoher und niedriger Priorität, die Einhaltung von Plänen, die rechtzeitige Erledigung von Aufgaben und die Vermeidung von Zeitfressern, richtig? Natürlich könnte man die Liste noch um weitere Praktiken ergänzen, aber diese grobe Liste deckt alles ab, was mit effektivem Zeitmanagement zu tun hat.

Wenn du die Selbstdisziplin analysierst, wirst du feststellen, dass es darum geht, dich auf das Wesentliche zu beschränken, auf Unnötiges zu verzichten und dich selbst davon zu überzeugen, auf dem richtigen Weg zu bleiben.

Jede erfolgreiche Gewohnheit beruht auf bestimmten Praktiken, die konsequent und gewohnheitsmäßig durchgeführt werden. Du kannst schwören, dass du viel Wasser trinkst, aber wenn du an einem Tag 3 Liter Wasser trinkst und dann zu deiner alten Gewohnheit zurückkehrst, nur drei Gläser pro Tag zu trinken, wird dein Wasserhaushalt schlecht bleiben. Um ein Ziel zu erreichen, musst du dir die richtigen GEWOHNHEITEN aneignen, die zu demselben Ergebnis führen.

Ich möchte nun auf die Frage zurückkommen, die ich oben gestellt habe: *Was bringt uns dazu, bei bestimmten Unternehmungen erfolgreich zu sein und bestimmte Ergebnisse zu erzielen, während wir bei anderen kläglich scheitern?*

Die Antwort ist, dass **deine täglichen Gewohnheiten den Weg für dein Leistungsniveau in Bezug auf Wachstum und Potenzial weisen**.

Aus diesem Grund formulierte Aristoteles, dass der Mensch ein Geschöpf der Gewohnheiten ist. Dein Leben ist ein Produkt all deiner positiven, negativen oder neutralen Gewohnheiten. Deine Gewohnheiten prägen eindeutig dein Leben. Ja, das bedeutet, dass du, wenn du gesund, glücklich, spirituell, selbstbewusst, wohlhabend und produktiv werden willst, daran arbeiten musst, Gewohnheiten zu entwickeln, die diesen besonderen Ergebnissen förderlich sind.

Wie kannst du diese Gewohnheiten herausfinden und dich selbst trainieren, um sie aufzubauen? Wir haben das für dich herausgefunden.

Stärke deine Gewohnheiten ist ein kompletter Entwurf für das Verständnis der Bedeutung von Gewohnheiten in deinem Leben. Jetzt lernst du die Taktiken und Strategien für den Aufbau von Erfolg, nachhaltigem Reichtum und langfristigem Glück, während du eine neue Ebene der Gesundheit und Spiritualität erlebst.

Ich bin selbstbewusst, proaktiv, friedlich, gesund und wohlhabend und lebe ein Leben in Fülle, das von Freude, Ruhe und Sinn geprägt ist. All dies ist nur dank der großartigen Gewohnheiten möglich, die ich mir angeeignet habe. Ich möchte aufrichtig, dass du das Gleiche und noch mehr erreichst.

Alles, was ich im Leben erreicht habe, verdanke ich den brillanten, leistungsfähigen Gewohnheiten, die ich mir im Laufe der Zeit angeeignet habe, und wenn ich das kann, dann glaube ich, dass jeder in der Lage ist, dasselbe zu tun.

Mit diesem Buch verspreche ich dir, dass du das Wissen, die Kraft und die Strategien erhältst, um deine Gewohnheiten und dein Leben zum Besten zu verändern. Hier ist, was **Stärke deine Gewohnheiten** dir beibringen wird und was es für dich tun kann:

- Die Wissenschaft hinter der Gewohnheitsbildung, die dir helfen wird zu verstehen, wie Gewohnheiten funktionieren

- Verstehen der Gewohnheitsschleife - um sicherzustellen, dass du ihre Elemente nachvollziehen kannst

- Die Strategien, um gute Gewohnheiten zu entwickeln und schlechte zu brechen

- Die Kunst, eine feste Gewohnheit zu entwickeln

- Entlarvung populärer Mythen über Gewohnheiten

- Leistungsstarke Produktivitätsgewohnheiten, die deine Produktivität in die Höhe treiben können

- Die besten Vermögensgewohnheiten, die dir helfen, finanziellen Wohlstand zu erreichen

- Bewährte Praktiken erfolgreicher Menschen, um deine Willenskraft zu stärken und Selbstdisziplin zu entwickeln

- Einige der besten mentalen Praktiken, um eine wachstumsorientierte und wohlhabende Denkweise zu entwickeln

- Spirituelle Gewohnheiten, damit du eine klare Richtung in deinem Leben findest und dein Ziel erreichst

- Bewährte Praktiken für eine gute Gesundheit zur Verbesserung deiner körperlichen, geistigen und emotionalen Gesundheit

Wenn du dieses Buch liest, wirst du neue Wege finden, dein Leben auf die sinnvollste Weise zu leben und die beste Version deiner selbst zu werden.

Du erhältst nicht nur umsetzbare und aussagekräftige Informationen, um dein bisher bestes Leben zu gestalten, sondern auch die Möglichkeit, dies in deinem eigenen Tempo und nach deinen Wünschen zu tun, basierend auf den Ergebnissen, die du dir für dein Leben wünschst.

Stärke deine Gewohnheiten ist etwas anders als die Selbsthilfebücher über Gewohnheiten zum auswendig lernen, die auf dem Markt erhältlich sind. Du musst das Buch nicht von Anfang bis Ende lesen, um es zu verstehen, und es verlangt auch nicht, dass du das erste Kapitel verstehst, um das letzte zu verstehen.

Wie man Stärke deine Gewohnheiten liest

Ich habe dieses Buch in verschiedene Teile gegliedert, wobei jeder dieser Teile in verschiedene Kapitel unterteilt ist. Das erste Kapitel des ersten Teils befasst sich ausschließlich mit der Bildung von Gewohnheiten und den wichtigsten Aspekten dieses Themas. Es wird dir helfen, das Thema auf einem Niveau zu verstehen, das es dir ermöglicht, jede beliebige Gewohnheit aufzubauen oder zu brechen.

Danach dreht sich jeder Teil des Buches um einen bestimmten Aspekt deines Lebens und das Ergebnis, das du in diesem Schlüsselbereich erreichen möchtest. Jeder Teil enthält verschiedene Kapitel, von denen jedes über die verschiedenen Mini-Gewohnheiten spricht, die du aufbauen kannst, einschließlich eines Schritt-für-Schritt-Prozesses, der detailliert beschreibt, wie du diese Gewohnheiten aufbaust, um dein Ziel zu erreichen.

Im Abschnitt "Produktivitätsgewohnheiten" werden wir zum Beispiel über die verschiedenen Gewohnheiten sprechen, die du dir aneignen musst, um deine Produktivität und Workflow-Effizienz zu steigern.

In diesem Buch findest du die besten Gewohnheiten, die du in den folgenden Bereichen übernehmen und praktizieren solltest. Gewohnheiten in folgenden Bereichen:

- Produktivität/Arbeitsablauf

- Gesundheit

- Reichtum

- Wohlbefinden und Denken

- Persönliches Wachstum

- Zeitmanagement

- Spiritualität

Diese Aufteilung der verschiedenen Gewohnheiten in verschiedene Lebensbereiche macht dieses Buch zu einer leichten Lektüre. Du kannst das Buch an einer beliebigen Stelle oder Seite beginnen und etwas unglaublich Kraftvolles lernen.

Wenn du mit deinem persönlichen Wachstum zu kämpfen hast, springe zu dem Kapitel, in dem es um Gewohnheiten zum persönlichen Wachstum geht. Wenn du wissen willst, wie du deinen Wohlstand vermehren kannst, gehe direkt zu diesem Teil.

Du musst nicht jede Gewohnheit in jedem Teil durchgehen: Du kannst den gesamten Teil und jedes Kapitel überfliegen oder dich gleich auf eine bestimmte Gewohnheit konzentrieren, die mit einem gewünschten Ergebnis zusammenhängt. Wenn deine

Zeitmanagementfähigkeiten nicht allzu fragwürdig sind und du nur manchmal mit der Unterscheidung zwischen Aufgaben mit hoher und niedriger Priorität kämpfst, kannst du dich auf diese Gewohnheit konzentrieren.

Du musst dich bei der Lektüre dieses Buches nicht an ein bestimmtes Muster oder einen bestimmten Zeitplan halten. Es ist ein leicht zu lesender und verständlicher Leitfaden, der dir dabei helfen soll, die besten Gewohnheiten für den Erfolg zu entwickeln, die sich nahtlos ineinander fügen.

Das Buch ergibt vollkommenen Sinn, unabhängig davon, ob du das gesamte Buch kapitelweise liest oder ein bestimmtes Kapitel in einem beliebigen Teil des Buches durchgehst. So einfach ist das.

Lass uns diese Reise beginnen, die dich zu deinem Traumleben führen wird ... ein Leben, in dem du gute Gewohnheiten für den Erfolg entwickelst.

"Sich selbst und seinen gegenwärtigen Zustand zu bemitleiden, ist nicht nur Energieverschwendung, sondern auch die schlechteste Angewohnheit, die man haben kann."

- **Dale Carnegie**, *Wie man Freunde gewinnt und Menschen beeinflusst*

Teil 1: Die Wissenschaft der Gewohnheitsbildung

"Wäre es nicht toll, begabt zu sein? In der Tat ... Es stellt sich heraus, dass Entscheidungen zu Gewohnheiten führen. Gewohnheiten werden zu Talenten. Talente werden als Gaben bezeichnet. Man wird nicht so geboren, man wird so."

- **Seth Godin**

Kapitel 1: Wie man eine Gewohnheit entwickelt

*"Es gibt keinen anderen Einfluss als den der Gewohnheit". - **Gilbert Parker***

Deine Gewohnheiten haben Einfluss darauf, wie du denkst, dich verhältst, handelst und über verschiedene Dinge im Leben entscheidest. Sie sind entscheidend für die Qualität deines Lebensstils und dein allgemeines Wohlbefinden. Deshalb ist es wichtig zu wissen, wie du gute Gewohnheiten entwickeln kannst, die mit deinem gewünschten Lebensstil und deinen Zielen übereinstimmen. Nur wenn du die richtigen Gewohnheiten entwickelst, kannst du ein glückliches, erfolgreiches und erfülltes Leben führen.

Was ist Gewohnheitsbildung?

Alle deine Verhaltensweisen werden zu Mustern. Du denkst nicht zweimal nach, bevor du die meisten deiner Handlungen ausführst. So bilden sich Gewohnheiten und Muster heraus.

Der Prozess, durch den ein bestimmtes Verhalten dauerhaft und automatisch in deinem Leben wird, wird als "Gewohnheitsbildung" bezeichnet. Du kannst eine Gewohnheit unbewusst bilden, ohne sie bewusst zu entwickeln, aber du kannst sie auch bewusst kultivieren. Wenn ein bestimmtes Verhalten in den Autopilot-Modus wechselt, wird es zu deiner

Gewohnheit, weil es keine bewusste Aufmerksamkeit erfordert.

Manche Menschen verwechseln auch eine Routine mit einer Gewohnheit. Bei einer Routine handelt es sich um ein wiederholtes Verhalten, das jedoch nicht unbedingt auf einen tief sitzenden Impuls zurückzuführen ist, wie dies bei einer Gewohnheit der Fall ist. Eine Gewohnheit ist stark mit einem Impuls oder einem Drang verbunden, etwas zu tun. Wenn du das Geschirr abwäschst, nur weil es schmutzig ist und dies eine Aufgabe ist, die du tun musst, ohne ein starkes Verlangen zu verspüren, ist dies eine Routine, keine Gewohnheit.

Die "Gewohnheitsschleife" und die "Gewohnheitsbildung" im Vergleich

Zwei Begriffe, die im Zusammenhang mit Gewohnheiten häufig diskutiert werden, sind Gewohnheitsbildung und Gewohnheitsschleife. Lass uns zwischen diesen beiden Begriffen unterscheiden.

Die Bildung von Gewohnheiten ist der gesamte Prozess, durch den ein Verhalten - oder eine Handlung - in deinem Leben verschiedene Runden durchläuft und schließlich einen dauerhaften Status erreicht. Andererseits ist eine Gewohnheitsschleife ein Zyklus, der die an der Bildung einer Gewohnheit beteiligten Komponenten enthält. Wenn die Elemente einer Gewohnheitsschleife im Laufe der Zeit wiederholt werden, bilden sie eine Gewohnheit. Eine

Gewohnheitsschleife ist also ein Zyklus, der, wenn er kontinuierlich durchlaufen wird, zur Bildung einer Gewohnheit führt.

Im Folgenden werden die Bestandteile der Gewohnheitsschleife aufgeführt:

Erinnerung/Auslöser/Stichwort: Dies ist das, was den Beginn einer Gewohnheit auslöst und dich daran erinnert, sie zu befolgen. Das kann ein Gegenstand, eine Zeit, ein Ort, ein Gefühl, eine Person, ein Ereignis oder sogar eine Kombination aus mehreren dieser Faktoren sein.

Die Erinnerung sagt deinem Gehirn, dass es in den Autopilot-Modus schalten soll und welche Gewohnheit es abrufen soll, um sich zu engagieren. Wenn du die Gewohnheit hast, um 21 Uhr zu schlafen, wirst du dich gegen 21 Uhr schläfrig fühlen. In diesem Fall ist die Zeit die Erinnerung an die Gewohnheit.

Routine/Verhaltensweisen: Dies bezieht sich darauf, wie du eine bestimmte Gewohnheit ausübst. Sie kann emotional, körperlich oder eine Kombination aus beidem sein. Wenn du vor jeder Mahlzeit einen 10-minütigen Spaziergang in deinem Garten machst und dabei eine Melodie summst, ist das die Routine für deine Gewohnheit des Spaziergangs vor den Mahlzeiten.

Belohnung: Dies ist das Ergebnis der Ausübung einer bestimmten Gewohnheit. So wie der Mensch ein soziales Wesen ist, so ist er auch ein etwas gieriges

Lebewesen. Wir lassen uns nur dann regelmäßig auf Verhaltensweisen ein, wenn sie uns eine gewisse Gegenleistung versprechen.

Jede Gewohnheit, sei es eine gute, schlechte oder neutrale Gewohnheit, hat eine oder mehrere Belohnungen. Die Belohnung, die mit einem Muster verbunden ist, hilft deinem Gehirn zu entscheiden, ob es sich lohnt, diese bestimmte Schleife langfristig beizubehalten. Du putzt dir beispielsweise zweimal täglich die Zähne, um die Mundhygiene aufrechtzuerhalten und Zahnproblemen vorzubeugen. Du rauchst vielleicht, weil es Stress abbaut.

Da die drei Komponenten mit einem R beginnen: Reminder (Erinnerung), Routine und Reward (Belohnung), werden diese drei auch als die **3R der Gewohnheitsänderung** bezeichnet. Dieser gesamte Kreislauf, der sich auf eine bestimmte Gewohnheit bezieht, wird mit der Zeit immer automatischer.

Die Erinnerung und die Belohnung verflechten sich so sehr, dass du ein starkes Verlangen und eine Vorfreude auf die Gewohnheit verspürst. Die 3 R sind für das Entstehen und Aufgeben von Gewohnheiten unerlässlich; wir werden in den folgenden Kapiteln erörtern, warum.

Die Wissenschaft hinter der Bildung von Gewohnheiten

Das Gehirn führt einen Prozess durch, der als "Chunking" bezeichnet wird und bei dem eine Reihe von Handlungen in eine programmierte Routine umgewandelt wird. Chunking legt den Grundstein für die Bildung von Gewohnheiten.

Wissenschaftlern zufolge bilden wir Gewohnheiten, weil das menschliche Gehirn ständig nach neuen Möglichkeiten sucht, um mehr Zeit, Mühe und Energie zu sparen. Das Gehirn versucht, jede Routine in eine beständige Gewohnheit zu verwandeln. Wenn man sich eine Gewohnheit aneignet, muss man nicht mehr so viel darüber nachdenken, wie man sich verhalten oder was man tun soll. Da die Denkzeit verkürzt wird, wird der Aufwand minimiert.

Als du dich das erste Mal pochierte Eier zubereitet hast, hast du sicher eine ganze Weile gebraucht. Du musstest darauf achten, die Eier in einem Sieb aufzuschlagen und warst wahrscheinlich besonders vorsichtig. Zwei Jahre später machst du wahrscheinlich dasselbe Frühstück im Handumdrehen und jedes Mal nahezu perfekt; die Tätigkeit ist zu einer automatischen Routine geworden und fühlt sich für dich nicht mehr wie eine Last an.

Gewohnheiten helfen dir, Mühe zu sparen. Je mehr Verhaltensweisen auf Autopilot laufen, desto effizienter wird dein Gehirn. Du beginnst, Dinge schneller zu tun, erzielst mehr Ergebnisse und kommst deinen Zielen in kürzerer Zeit näher. Das bedeutet jedoch nicht, dass dein Gehirn aufhört zu arbeiten oder dass es Gewohnheiten entwickeln möchte, um seine Belastung zu verringern. Bei einem

Verhalten, das in einer automatischen Schleife abläuft, muss dein Gehirn nicht aktiv und vollständig an der Entscheidungsfindung teilnehmen. Es kann dann seine Aufmerksamkeit auf andere Aktivitäten richten und aufhören, hart zu arbeiten.

Die Technik der "dauerhaften Gewohnheit" ist ein großartiger Ansatz, um Gewohnheiten zu entwickeln.

Wie man dauerhafte Gewohnheiten aufbaut

Wie der Name schon sagt, handelt es sich bei einer dauerhaften Gewohnheit um eine Gewohnheit, die lange Zeit, sogar Jahre nach ihrer Entstehung, bestehen bleibt. Sie haftet an einer anderen Gewohnheit, und diese Gewohnheit dient als Auslöser für die neue, dauerhafte Gewohnheit.

Um eine dauerhafte Gewohnheit zu entwickeln, musst du herausfinden, welche Gewohnheiten du beibehalten und welche du ablegen willst. Um diesen Ansatz zu praktizieren, musst du vier Hauptschritte befolgen:

Zunächst musst du herausfinden, welche Gewohnheit du beibehalten willst, und diese etwa 60 Tage lang diszipliniert beibehalten. Um sicherzustellen, dass eine Gewohnheit als Auslöser für eine andere fungiert, musst du herausfinden, an welches andere Muster du die neue Gewohnheit anhängen kannst.

Als Nächstes musst du dich selbst für das Festhalten an dieser Gewohnheit belohnen, um die

Ausschüttung von Dopamin und Serotonin anzuregen und so sicherzustellen, dass du bei der Sache bleibst. Nähre und trainiere nun täglich dein Gehirn, damit es dir leicht fällt, an den entsprechenden Gewohnheiten zu arbeiten.

Lege **schließlich** Erinnerungshilfen fest, um die Gewohnheit beizubehalten.

Im Grunde genommen geht es beim Ansatz der dauerhaften Gewohnheiten darum, ein Belohnungssystem aufzubauen, das die Belohnung mit der Handlung verknüpft. Du musst auch deine Sichtweise auf schlechte Gewohnheiten ändern, denn nur wenn du verstehst, wie destruktiv sie sind, kannst du sie loslassen und etwas Neues aufbauen.

Nach dieser Einführung hast du nun ein besseres Verständnis dafür, wie Gewohnheiten funktionieren und wie man sie im Laufe der Zeit aufbaut. Lass uns nun zum nächsten Kapitel dieses Teils des Buches übergehen und verstehen, wie man gute Gewohnheiten schafft und schlechte loslässt.

Kapitel 2: Wie man schlechte Gewohnheiten ablegt

"Eine Gewohnheit kann man nicht aus dem Fenster werfen; man muss sie Schritt für Schritt die Treppe hinunter   überreden."
- Mark Twain

Der Prozess der Gewohnheitsänderung ist nicht kompliziert oder schwierig. Er erfordert jedoch Bewusstsein und Nachdenklichkeit. Menschen tun sich oft schwer damit, schlechte Gewohnheiten zu durchbrechen und positive Gewohnheiten an ihre Stelle zu setzen, weil sie es falsch angehen. Dieses Problem wollen wir in diesem Kapitel lösen.

Eine schlechte Angewohnheit kann man nicht ablegen.

Stimmt das? Kann man eine schlechte Angewohnheit nicht ablegen?

Tatsache ist, dass man sich eine schlechte Angewohnheit nicht abgewöhnen kann, zumindest nicht vollständig.

Man kann sie aber **ersetzen.** Eine schlechte Angewohnheit ist auch sehr hartnäckig, aber auch wenn man sie ersetzen kann, bleibt die Erinnerung an die schlechte Angewohnheit bestehen, bis man sie wieder braucht.

Jede Gewohnheit, ob gut oder schlecht, gibt es in deinem Leben aus einem bestimmten Grund. Alle deine Gewohnheiten, auch die schlechten, nützen dir auf die eine oder andere Weise. Manchmal, wie im Fall von Drogenmissbrauch, Rauchen oder Alkoholismus, ist die Belohnung biologisch. Manchmal ist die Belohnung emotional, wie im Fall einer toxischen Beziehung. In anderen Fällen sind schlechte Angewohnheiten, wie das Ziehen an den Haaren, das Kauen der Nägel oder das Zusammenbeißen des Kiefers, Bewältigungsmechanismen, mit denen du Stress bewältigst.

All diese Vorteile erstrecken sich auch auf kleinere schlechte Gewohnheiten. Die Gewohnheit, jedes Mal, wenn du dein Telefon in die Hand nimmst, deine Textnachrichten zu überprüfen, mag dir das Gefühl geben, mit der Welt um dich herum verbunden zu sein. Gleichzeitig ruiniert das Abrufen dieser E-Mails deine Konzentration, Produktivität und deinen Seelenfrieden. Wenn du das jedoch nicht tust, bekommst du eine starke Welle von FOMO (Fear Of Missing Out - Angst, etwas zu verpassen), sodass du diese Gewohnheit immer wieder aufgreifst.

Da schlechte Angewohnheiten mit einigen Vorteilen oder offensichtlichen Vorteilen verbunden sind, ist es nicht leicht, sie abzulegen. Das erklärt, warum man nicht einfach mit dem Rauchen aufhören kann, wenn man aufgefordert wird, "nicht mehr faul zu sein" oder "kein Junkfood mehr zu essen".

Die gute Nachricht ist, dass es einen Weg durch diese Herausforderung gibt. Anstatt mit einer schlechten

Gewohnheit zu brechen, solltest du dich darauf konzentrieren, sie durch eine andere Gewohnheit zu ersetzen.

Der Schlüssel zum Durchbrechen schlechter Gewohnheiten

Natürlich ist es nicht einfach, etwas loszulassen, das sich im Laufe der Zeit entwickelt hat. Man muss sich taktvoll davon lösen; hier kommt der **Ersatz von Gewohnheiten** ins Spiel.

Eine schlechte Gewohnheit verschwindet, wenn du einen Ersatz für sie findest. Dieses Mal musst du jedoch eine sehr aufmerksame und bewusste Entscheidung treffen. Du musst darauf achten, eine Gewohnheit einzuführen, die die folgenden zwei Merkmale aufweist:

Bringt sie dieselbe, eine ähnliche oder sogar eine bessere Belohnung als die schlechte Angewohnheit, die du ändern möchtest: Wir legen nur Gewohnheiten an, die uns eine gewisse Belohnung bringen. Um eine schlechte Angewohnheit endgültig aus deinem Leben zu verbannen, brauchst du einen Ersatz, der dir das gleiche Gefühl vermittelt.

Wenn die schlechte Angewohnheit aus deinem Leben verschwunden ist, wirst du dich nach ihr sehnen. Nehmen wir an, du beschließt, mit dem Rauchen aufzuhören. Jedes Mal, wenn du nicht rauchst, insbesondere wenn du den Auslöser für die Gewohnheit des Rauchens erlebst, wirst du ein starkes Verlangen nach einer Zigarette verspüren. Du wirst das Gefühl vermissen, das der Besitz einer Zigarette auslöst.

Vor allem wirst du das befriedigende Gefühl des Stressabbaus vermissen - oder was auch immer du beim Rauchen gesucht hast. Dieses Gefühl wird dich zwingen, das Rauchen wieder aufzunehmen, was zu einem Rückfall führt.

Damit das nicht passiert, musst du etwas einführen, das dir das gleiche Gefühl und die gleichen Ergebnisse oder sogar noch bessere Ergebnisse beschert. Dieses befriedigende Gefühl füllt die Lücke, die die schlechte Gewohnheit hinterlassen hat.

Erzeugt sie robuste, positive Auswirkungen auf deine Persönlichkeit und dein Leben: Es ist wichtig, eine Gewohnheit mit positiven Auswirkungen zu suchen, die die Giftigkeit der schlechten Gewohnheit, die du gerade abgelegt hast, in deinem Leben aufhebt. Das belohnende Gefühl, das mit der schlechten Angewohnheit verbunden ist, verzehrt dich und trübt deine Fähigkeit, rational zu denken.

Man beginnt, die schlechte Angewohnheit ungeachtet ihrer negativen Auswirkungen zu genießen. Wir wissen zum Beispiel, dass Rauchen die Lunge schädigt, das Immunsystem schwächt und das Risiko von Herz-Kreislauf-Erkrankungen erhöht. Obwohl man sich der schädlichen Folgen des Rauchens bewusst ist, zwingt einen die Entspannung, die es bietet, und die anderen Vorteile dazu, an der Gewohnheit festzuhalten.

Du lässt es zu, dass sich deine Gesundheit verschlechtert, nur weil du dieses befriedigende Gefühl hast. Aber ein glückliches und blühendes Leben geht nicht auf Kosten deiner Gesundheit; vergiss das nie.

Um dein bisher bestes Leben zu gestalten, musst du dir gute Gewohnheiten aneignen, die zu positiven Ergebnissen führen. Wenn du also nach einem Ersatz für eine schlechte Angewohnheit suchst, die du loslassen willst, suche nach etwas Vorteilhaftem.

Lass uns nun den **schrittweisen Prozess der Abkehr von einer schlechten Gewohnheit** besprechen.

Der Schritt-für-Schritt-Prozess zum Ersetzen schlechter Gewohnheiten

Hier erfährst du, wie du schlechte Gewohnheiten durch effektivere und bewusstere Praktiken ersetzen kannst, die dir helfen, das Leben deiner Träume aufzubauen:

Finde die Gewohnheit heraus, die du ersetzen musst.

Analysiere, wie sie sich auf dein Leben auswirkt, und bestimme, warum du diese Gewohnheit ändern musst. Wenn du zum Beispiel deine Rauchgewohnheit ändern willst, überlege, warum du sie aufgeben musst. Diese Gründe sind deine zwingenden Gründe, die deine Willenskraft stärken und dich motivieren, durchzuhalten, wenn du dich abgelenkt fühlst.

Beobachte die Gewohnheit einige Zeit lang im Detail und achte dabei genau auf ihre Hinweise, Routine und Belohnung. Auf diese Weise erhältst du einen Einblick in die Auslöser der Gewohnheit und kannst damit beginnen, diese Erinnerungen und Routinen zu vermeiden und besser handzuhaben. Außerdem lernst du, wie du das Verhalten und die Belohnungen ausführst, was dir helfen wird zu verstehen, was dich motiviert, das Verhalten beizubehalten.

Sobald du dir der Auslöser bewusst geworden bist, solltest du sie **besser in den Griff bekommen.** Beginne damit, Menschen, Orte und Dinge zu meiden, die dich an die zu überprüfende schlechte Angewohnheit erinnern, und schaffe eine Umgebung, die deine Aufmerksamkeit von diesen Auslösern ablenkt.

Erstelle gleichzeitig eine Liste mit spezifischen Praktiken, die die gleiche oder eine ähnliche Belohnung versprechen wie die fragliche schlechte Angewohnheit. Probiere jede dieser Praktiken einzeln aus, bewerte die Belohnung und die Ergebnisse, die sie mit sich bringen, und sieh, ob sie dich von der schlechten Angewohnheit abbringen können.

Übe häufig **die Praktiken**, die dir am meisten Spaß machen und die dich effektiv von der schlechten Angewohnheit ablenken.

Nimm dir etwas Zeit, **um mit verschiedenen Aktivitäten und Verhaltensweisen zu experimentieren**, und schon bald wirst du eine hervorragende Alternative zu der ungesunden Gewohnheit finden, die du ändern möchtest.

Gib dir etwa **66 bis 90 Tage** Zeit, um die **Gewohnheit nachhaltig zu entwickeln.** Normalerweise braucht eine Gewohnheit diese Zeitspanne (manchmal sogar mehr), bis sie sich verfestigt hat. Das bedeutet aber auch, dass du die Gewohnheit fortsetzen musst, um sie aktiv zu halten.

Wenn du eine bestimmte Gewohnheit anstelle einer schlechten Angewohnheit ausübst, solltest du diese über die gesamte Dauer der Routine der schlechten Angewohnheit beibehalten. Wenn du beispielsweise 15 Minuten lang zwei Zigaretten hintereinander geraucht hast und versuchst, dies durch Meditation zu ersetzen, um ruhig zu bleiben, **meditiere 15 Minuten lang.**

Eine andere Möglichkeit besteht darin, in diesem Zeitraum mehrere Übungen übereinander zu legen. Dieser Ansatz, der auch als "Habit-Stacking" bezeichnet wird, beschäftigt dich mit sinnvollen Aktivitäten, die aufeinander aufbauen und dich von der schlechten Angewohnheit ablenken.

Belohne dich selbst mit einem persönlichen Geschenk oder einer Belohnung, wenn du über einen längeren

Zeitraum konstant an der Entwicklung einer guten Gewohnheit arbeitest.

Fange an, diese Richtlinien zu befolgen, und schon bald wirst du eine neue und gesunde Gewohnheit anstelle der schlechten haben, die du abschaffen wolltest.

Auch eine gute Gewohnheit kann man sich auf diese Weise aneignen. Eine gute Gewohnheit zu entwickeln und dafür zu sorgen, dass sie dauerhaft in deinem Leben bleibt, erfordert jedoch mehr Aufwand und einen etwas anderen strategischen Ansatz.

Kapitel 3: Wie man eine nachhaltige Gewohnheit aufbaut

*"Positivität ist wie ein Muskel: Wenn man ihn ständig trainiert, wird er zur Gewohnheit." - **Natalie Massenet***

So wie ein Muskel durch richtiges Training größer und stärker wird, so wird die kontinuierliche Ausübung einer bestimmten Handlung zur Gewohnheit, wenn man konsequent daran arbeitet. Dies ist der Schlüssel zum Aufbau von Gewohnheiten - das Ergreifen von Maßnahmen mit der Absicht, eine neue Fähigkeit zu entwickeln. Nachdem wir erörtert haben, wie man schlechte Gewohnheiten verbessern kann, wollen wir nun gute Gewohnheiten entwickeln.

Zunächst ist es wichtig zu verstehen, dass man sich gute Gewohnheiten aneignen muss.

Der Bedarf an guten Gewohnheiten

Warum bürstet man sich die Haare, bevor man zur Arbeit geht? Die offensichtliche Antwort ist, dass es dich vorzeigbar aussehen lässt.

Jetzt möchte ich dir eine andere Frage stellen: Wenn du regelmäßig trainierst, warum tust du das? Wahrscheinlich, weil es dir einen robusteren und schlankeren Körper verleiht und dich körperlich und geistig fit hält.

Beide oben genannten Praktiken haben eine oder mehrere positive Auswirkungen auf dein Leben, und deshalb führst du sie täglich weiter aus. Wie schlechte Gewohnheiten haben auch gute Gewohnheiten eine Belohnung - in der Regel eine bessere. Sie verleihen deinem Leben Bequemlichkeit, Wert, Struktur, Freude, Produktivität, Qualität und Fülle.

Wir alle wollen auf eine bestimmte Weise sein und leben. Einige von uns streben nach einem fitteren Körper, andere möchten vielleicht wohlhabender sein. Einige möchten bei der Arbeit disziplinierter sein, während andere einen tieferen Seelenfrieden erleben möchten.

Alles, was wir uns wünschen, können wir nur erreichen, wenn wir uns die richtigen Gewohnheiten aneignen, die auf diese Ergebnisse ausgerichtet sind. Das ist die Kraft positiver Gewohnheiten: *Sie bringen dich näher an die gewünschte Realität und helfen dir, ein sinnvolleres Leben zu führen.*

Wie man gute Gewohnheiten aufbaut

Gute Gewohnheiten bringen eine Menge Produktivität, Erfüllung und Energie in unser Leben. Hier erfährst du, wie du diese starken Effekte durch Gewohnheitsbildung erzielen kannst.

Denk an das Ergebnis oder die Wirkung, die du in deinem Leben erfahren möchtest. Möchtest du gesünder, wohlhabender, glücklicher, produktiver, spiritueller oder erfolgreicher in deinem Geschäft werden?

Es ist von entscheidender Bedeutung, das gewünschte **Ergebnis genau zu bestimmen**; nur dann kannst du die richtigen Gewohnheiten entwickeln, um das gewünschte Ergebnis zu erreichen.

Sobald du das gewünschte Ergebnis festgelegt hast, **entscheide dich für die Gewohnheit, die du aufbauen möchtest.** Wenn du gesund und körperlich fit sein willst, willst du dann täglich trainieren oder regelmäßig frisches Obst essen? Wenn du eine hohe Produktivität anstrebst, willst du dann täglich 3.000 Wörter für dein Buch schreiben?

Manchmal kann es schwierig sein, die genaue Gewohnheit herauszufinden, die du entwickeln musst, um das erwartete Ergebnis zu erzielen. In diesem Fall kannst du **eine Reihe von Gewohnheiten finden, die du aufbauen musst.** Um gesund zu sein, kannst du dich zum Beispiel angewöhnen, Sport zu treiben, mehr Wasser zu trinken, gut zu schlafen und dich gesund zu ernähren.

Es ist jedoch am besten, **mit einer Gewohnheit nach der anderen zu beginnen**, da es so einfacher ist, sich an die neue Routine, die du in dein Leben bringen willst, anzupassen.

Denk an **diese Gewohnheit** und daran, warum du sie in dein Leben einbauen musst. Denke über die Bedeutung dieser Gewohnheit für dein Leben und die Vorteile nach, die sie mit sich bringt. Wenn du täglich Sport treiben willst, liste die körperlichen, geistigen und emotionalen Vorteile auf, die sich aus dem Training ergeben. Die Vorteile sind das, was du erreichen willst, und die zwingenden Gründe, die dich dazu bringen werden, bei der Änderung der Gewohnheit zu bleiben.

Denke daran, dass kein Ziel leicht oder schwer zu erreichen ist. Alles ist einfach, wenn du dich mit Herz und Verstand dafür einsetzt, und selbst die einfachsten Dinge werden ungeheuerlich, wenn du kein beispielhaftes Engagement entwickelst.

Es gibt jedoch Phasen in deinem Leben, in denen deine Motivation nachlässt und deine Willenskraft erschöpft ist. Du bist erschöpft, verlierst den Überblick über deine Beweggründe, lässt dich ablenken oder hast andere Probleme, die dich von deinem Prozess der Gewohnheitsänderung abbringen.

In diesen Zeiten musst du **dich wieder auf dein zwingendes Warum besinnen**, um wieder zu entdecken, warum du überhaupt angefangen hast. Wenn du das tust, kommt deine Motivation langsam wieder in Schwung, und du bist wieder auf dem Weg der "Gewohnheitsänderung". Ich empfehle dir, **dein zwingendes Warum aufzuschreiben** und es mindestens zweimal täglich durchzugehen, um dir klarzumachen, warum du an dieser Aufgabe arbeiten wirst.

Als Nächstes solltest du dir überlegen, **welche Routine du aufbauen willst.** Wenn du Sport treiben willst, wie lange wirst du trainieren? Welche Übungen wirst du machen? Wirst du mehr Ausdauertraining machen? Wenn du Ausfallschritte oder Kniebeugen machst, wie viele Wiederholungen pro Satz und wie viele Sätze willst du dann insgesamt machen?

Wenn du vorhast, mehr Wasser zu trinken, wie viele Liter Wasser willst du dann trinken? Wenn es 3 Liter pro Tag sind, wie viele Gläser wirst du dann in einem bestimmten Zeitraum trinken? Wenn du dir eine Routine zurechtgelegt hast, weißt du, wie du die Übung durchführen musst, was dabei zu beachten ist und wie lange du daran arbeiten musst.

Solche Unterscheidungen geben dir klare Anweisungen, um daran zu arbeiten, vereinfachen den Prozess und beseitigen alle Unklarheiten, die du möglicherweise hast. Erstelle die Gewohnheitsgliederung und analysiere sie mehrmals, um alle Unklarheiten zu beseitigen.

Überlege, wann du mit der Gewohnheitsänderung beginnen möchtest und wie viel Zeit du benötigst, um sie dauerhaft umzusetzen. Wenn du zum Beispiel täglich Sport treiben willst, überlege, **wann du damit beginnen willst**: nächste oder übernächste Woche?

Denke auch **an das Ziel, das du erreichen willst.** Wenn du zum Beispiel abnehmen willst, was ist dann dein Ziel und wie lange brauchst du, um es zu erreichen? Wenn du 40 Pfund abnehmen willst, brauchst du dann 5 oder 6 Monate, um dieses Ziel zu erreichen? Denke an dein Arbeitstempo, an deine derzeitige Routine und daran, wie leicht oder schwer es dir fallen wird, an der Änderung deiner Gewohnheiten zu arbeiten.

Vielleicht hast du vor, anfangs drei Wochen lang nur 10 Minuten zu trainieren und dann langsam die Trainingsdauer zu erhöhen, während du versuchst, dich gesund zu ernähren. In diesem Fall kann es mehr als sechs Monate dauern, bis du 40 Pfund abgenommen hast, und das ist völlig in Ordnung. **Mache dir dein Tempo bewusst und passe den Zeitplan** entsprechend an. Auf diese Weise kannst du eine praktikable Routine aufbauen.

Schreibe das Ziel, das du verwirklichen möchtest, und die Änderung der Gewohnheit, die du herbeiführen willst, in dein Tagebuch und formuliere eine Absicht dazu. Wenn du täglich schreiben willst, um ein E-Book zu veröffentlichen, schreibe auf: "Ich werde täglich 3.000 Wörter schreiben, um mein Buch bis Ende Dezember 2022 zu veröffentlichen." Sage diese Worte zehnmal, um die Suggestion in deinem Geist zu verankern. Sobald dein Unterbewusstsein sie akzeptiert, lässt es dich entsprechend auf das gewünschte Ergebnis hinarbeiten.

Als Nächstes solltest du den Vorschlag in eine eher affirmative und gegenwartsbezogene Angabe umwandeln. Eine bejahende Zusage suggeriert, dass du etwas tust, und ein gegenwartsbezogenes Versprechen gibt dir das Gefühl, dass du im Moment etwas tust, um dein Ziel zu erreichen.

Wenn dein Verstand akzeptiert, dass du auf ein bestimmtes Ziel hinarbeitest, hält er dich ständig auf dieses Ziel ausgerichtet. Auf diese Weise konzentrierst du deine Bemühungen und Energien auf die gewünschte Gewohnheitsänderung und arbeitest weiter in die richtige Richtung, die dich schließlich zu deinem Ziel führt.

Sobald du den gesamten Plan erstellt hast, schreibe deine Etappenziele für einen bestimmten Zeitraum auf. Schreibe deine Ziele auf, damit du deine

Leistung in regelmäßigen Abständen messen und deine Fortschritte auf dem Weg zum Ziel verfolgen kannst. Wenn du zum Beispiel in 5 Monaten 40 Pfund abnehmen willst, wie viel willst du dann monatlich abnehmen?

Was ist der nächste Schritt? Fang an, daran zu arbeiten! Arbeite regelmäßig daran, ziehe es durch und messe deine Ergebnisse.

Motiviere dich selbst, indem du für jeden Meilenstein verlockende Belohnungen festlegst. Wenn du 5 Pfund abgenommen hast, kannst du ins Kino gehen; wenn du 15 Pfund abgenommen hast, kannst du dir ein schönes Kleid/Hemd kaufen, auf das du schon lange ein Auge geworfen hast; und wenn du dein Endziel von 40 Pfund erreicht hast, kannst du einen kleinen Wochenendausflug mit deinem Partner machen.

Belohnungen geben dir einen Anreiz, das zu erreichen, was du willst, und halten dein Interesse und deinen Enthusiasmus wach, während du zügig auf dein Ziel hinarbeitest.

Um mit voller Energie an der gewünschten Gewohnheitsänderung zu arbeiten, musst du die Beziehung zwischen Willenskraft und Gewohnheiten verstehen; schließlich brauchst du eine Menge Willenskraft, um dein Ziel zu erreichen.

Kapitel 4: Gewohnheiten und Willenskraft

"Es gibt nichts, was man nicht erreichen kann, wenn man die richtigen Gewohnheiten hat." - **Charles Duhigg**

Unser Leben ist das direkte Ergebnis all der Gewohnheiten, die wir im Laufe der Zeit entwickelt haben. Ob die Gewohnheit nun darin besteht, die Schüssel mit M&Ms zu füllen, während man am Schreibtisch arbeitet, oder die E-Mails zu checken, während man auf dem Laufband läuft - Deine Gewohnheiten haben dich zu dem gemacht, was du jetzt bist.

Ein Schlüsselbegriff, der häufig genannt wird, wenn es um die Veränderung von Gewohnheiten geht, ist "Willenskraft". Was ist deine Willenskraft, und welche Rolle spielt sie im gesamten Prozess der Gewohnheitsbildung?

Der Zaubertrank namens 'Willenskraft '

Viele von uns sind der festen Überzeugung, dass unser Leben großartig werden würde, wenn wir mehr Willenskraft hätten. Mit mehr Selbstbeherrschung könnten wir alle täglich eine Stunde Sport treiben, auf das Rauchen verzichten, produktiver sein, mehr für die Rente sparen und alle unsere hehren Ziele erreichen.

In einer von der American Psychological Association durchgeführten Umfrage zum Thema Stress wurden die Teilnehmer gefragt, was der Hauptgrund dafür ist, dass es ihnen nicht gelingt, einen gesunden Lebensstil zu erreichen. 27 % gaben an, dass mangelnde Selbstbeherrschung das größte Hindernis auf diesem Weg ist.

Die Befragten glaubten auch, dass Willenskraft ein erlerntes Verhalten ist und dass sie mehr Willenskraft entwickeln könnten, wenn sie mehr Zeit für sich hätten. Allerdings waren sie auch der Meinung, dass die Willenskraft nicht automatisch wächst, wenn man mehr Zeit am Tag hat.

Untersuchungen zufolge ist ein Mangel an Willenskraft nicht der Hauptgrund dafür, dass wir unsere Ziele nicht verwirklichen können. Drei weitere Elemente, die du benötigst, um die erwarteten Veränderungen in deinem Leben herbeizuführen, sind:

(1) die **Motivation** für die Änderung der Gewohnheiten und die **Festlegung** eines klaren, präzisen Ziels;

(2) die **Überwachung deines Verhaltens** und deiner Leistung im Hinblick auf dieses spezielle Ziel und schließlich;

(3) Arbeit an der **Entwicklung der eigenen Willenskraft**.

Den Forschungsergebnissen zufolge ist Willenskraft zwar ein wesentlicher Bestandteil der Gleichung, aber nicht das einzige notwendige Element.

Willenskraft ist deine Fähigkeit, angesichts von Verlockungen zu widerstehen. Jedes Mal, wenn du versuchst, dich an deinen Plan zur Änderung einer Gewohnheit zu halten, erfährst du einen gewissen Widerstand.

Der Widerstand kann ein ungutes Gefühl sein, die Versuchung, etwas zu tun, das leichter oder angenehmer ist, oder eine Phase der Demotivation.

Du musst mit diesen Versuchungen und Reibungen umgehen, um dein gewünschtes Ziel zu erreichen. Genau dabei hilft dir deine Willenskraft.

Die Psychologen Angela Duckworth (Grit) und Martin Seligman (Learned Optimism), die beide an der University of Pennsylvania promoviert haben, haben herausgefunden, dass Menschen mit besserer Selbstbeherrschung tendenziell ein besseres Leben führen.

Sie führten eine Untersuchung durch, bei der die Fähigkeit zur Selbstkontrolle bei Achtklässlern geprüft wurde. Sie wiesen den Schülern eine Aufgabe zu und gaben ihnen die Möglichkeit, entweder sofort nach Erledigung der Aufgabe 1 Dollar oder in der folgenden Woche 2 Dollar zu erhalten. Diejenigen, die sich dafür entschieden, eine Woche zu warten, um einen zusätzlichen Dollar zu erhalten, gaben an, bessere

Noten, bessere Ergebnisse bei standardisierten Tests und eine bessere Anwesenheit zu haben; außerdem wurden sie in bessere Highschool-Programme aufgenommen.

Wie wirkt sich deine Willenskraft auf dich aus?

Für die Steuerung deiner Willenskraft ist der präfrontale Kortex zuständig, ein Teil deines Gehirns, der sich später als viele andere Hirnregionen entwickelt hat. Der präfrontale Kortex ist der Teil des Gehirns, in dem die Entscheidungen darüber getroffen werden, welche Versuchung zu vermeiden ist und welche Entscheidung zu treffen ist.

Dein präfrontaler Kortex wird immer dann aktiviert, wenn du eine Entscheidung treffen musst, die mit einer Gewohnheitsänderung verbunden ist. So kannst du dich darauf konzentrieren, warum diese Gewohnheitsänderung wichtig ist, und Selbstkontrolle ausüben.

Dein präfrontaler Kortex ist wertvoll für dich, aber er verbraucht viel Energie. Jedes Mal, wenn du Selbstbeherrschung üben musst, beginnt dein präfrontaler Kortex, deine Energie zu nutzen. Im weiteren Verlauf des Tages verbrauchst du weiterhin Energie. Da du auch für andere Aufgaben und Funktionen wie Fokussierung, Entscheidungsfindung, analytisches Denken, Problemlösung und tatsächliches Handeln Energie verbrauchst, geht dir nach einer Weile die Energie aus.

Irgendwann kommst du an einen Punkt, an dem du anfängst, mit der Willenskraftreserve zu arbeiten, und dann ist auch diese erschöpft. Das erklärt, warum es manchmal schwieriger wird, deine Willenskraft abzurufen, vor allem, wenn du dich mehr anstrengen musst, um ein bestimmtes Ziel zu erreichen. Es mag einfacher sein, 10 Minuten zu joggen, weil du das schon seit einem Monat tust. 15 Minuten zu joggen, kann jedoch mehr Willenskraft und Energie erfordern, weshalb es sich komplizierter anfühlt. Stell dir vor, du tust es an einem Tag, an dem du dich schlaflos fühlst und mit Arbeitsstress zu kämpfen hast.

Deine Willenskraft ist eine lebenswichtige Ressource, aber eine endliche. Du kannst dich nicht immer darauf verlassen, dass du dein Ziel erreichst. Du brauchst Selbstbeherrschung, um auf dem richtigen Weg zu bleiben und das zu tun, was du tun und erreichen willst. Wie kannst du das schaffen? Schauen wir uns das mal an.

Willenskraft und Selbstdisziplin

Es wird schwierig, Willenskraft auszuüben, weil dein präfrontaler Kortex energiehungrig ist. Die Fähigkeit, deinen Willen auszuüben, bezieht sich auf die Selbstbeherrschung. Je mehr Selbstbeherrschung du üben musst, desto mehr Energie verbraucht dein präfrontaler Kortex, und desto erschöpfter fühlst du dich. Dies gilt für jeden von uns. Selbst die erfolgreichsten Menschen, die ihr Leben vollständig im Griff haben, haben damit zu kämpfen. Dennoch schaffen sie es, ihre Arbeit zu erledigen, weil sie ein Elixier namens "Selbstdisziplin" kennen.

Du denkst vielleicht, dass Willenskraft und Selbstdisziplin dasselbe sind. Die meisten Menschen verwenden die beiden Begriffe austauschbar, was den Anschein erweckt, dass sie dasselbe sind, aber das sind sie nicht.

Laut Wörterbuch bedeutet Willenskraft "Kontrolle über die eigenen Impulse und Handlungen" und wird auch als "Selbstkontrolle" bezeichnet. Selbstdisziplin bedeutet, sich selbst zu trainieren und zu disziplinieren, um sich persönlich zu verbessern.

Willenskraft bedeutet, Selbstbeherrschung zu zeigen, wenn es darum geht, das Richtige zu tun und sich von allem fernzuhalten, was einen vom eingeschlagenen Weg abbringen könnte. Sich gesund zu ernähren und Junkfood zu meiden ist das Richtige, wenn man ein Abnehmprogramm durchführt. Wann immer du den Drang verspürst, einen saftigen Rindfleisch-Burger mit zwei Käsescheiben zu essen, brauchst du Selbstbeherrschung, um dieser Versuchung nicht nachzugeben.

Um diese Selbstbeherrschung auszuüben, musst du Selbstdisziplin üben. Bei der Selbstdisziplin geht es darum, Dinge zu tun, die dir helfen, an deinem Ziel festzuhalten und Selbstbeherrschung zu üben, wann immer du sie brauchst.

Die verschiedenen Maßnahmen, die du ergreifst, um die Kontrolle über deine Versuchung zu behalten, helfen dir, Selbstdisziplin zu entwickeln. Wenn du der Versuchung widerstehst, keinen Burger zu essen, könntest du dich disziplinieren, indem du einige leckere, gesunde Mahlzeiten für die Momente bereithältst, in denen du etwas Junkfood essen möchtest. Du könntest auch Klebezettel mit ermutigenden Aussagen wie "Ich halte mich an mein Ziel", "Ich esse gesund" oder "Gesundes Essen ist köstlich" hinterlassen, um dich selbst mit festen Erinnerungen zu umgeben.

Die Selbstdisziplin legt also fest, welche Maßnahmen du ergreifen kannst, um Selbstkontrolle zu entwickeln, damit du die gute Gewohnheit, die du zu entwickeln versuchst, problemlos beibehalten kannst. Um die Selbstbeherrschung aufzubauen, die du für die Änderung einer Gewohnheit benötigst, musst du also daran arbeiten, dich selbst zu disziplinieren. Dies erklärt auch, warum Selbstbeherrschung und Selbstdisziplin Hand in Hand gehen.

Wie man Selbstdisziplin aufbaut

Der Schlüssel zu einer disziplinierteren Version von sich selbst liegt darin, robuste Systeme zu schaffen, die Sie stark und motiviert halten und Ihnen helfen, klar zu denken, auch wenn Ihre Willenskraft um Gnade winselt.

Hier finden Sie eine *Anleitung*, was Sie tun müssen:

Nimm dein Tagebuch zur Hand und lies zuerst über die Gewohnheitsänderung, die du umsetzen möchtest.

Analysiere die Gewohnheitsänderung gründlich und reflektiere noch einmal die damit verbundenen Gründe.

Denke an die möglichen Versuchungen, denen du auf deiner Reise begegnen kannst. Du versuchst zum Beispiel, als freiberuflicher Grafikdesigner 8 Stunden am Tag zu arbeiten, während du von zu Hause aus arbeitest. Was könnte dich davon ablenken, diese Arbeit zu leisten? Vielleicht hast du einen unordentlichen Arbeitsplatz, der deine Produktivität beeinträchtigt. Vielleicht hast du die Angewohnheit, während deiner Arbeitszeit soziale Medien zu nutzen. Vielleicht wirst du auch von Freunden unterbrochen, die bei dir zu Hause auftauchen.

Nachdem du **dir die möglichen Situationen und Ablenkungen überlegt hast, schreibe** sie der Reihe nach auf. Das sind die Momente, in denen du wahrscheinlich mit deinen Versuchungen zur Selbstbeherrschung in Konflikt geraten wirst.

Überlege für jede dieser Ablenkungen, **wie du sie bekämpfen kannst.** Du könntest zum Beispiel Social-Media-Seiten während der Arbeitszeit blockieren, um dich selbst davon abzuhalten, sie zu nutzen. Du könntest dich auch von deinen Konten abmelden, sodass der Gedanke, sich wieder anzumelden, dich davon abhält, sie sofort zu nutzen, und vielleicht hast du sogar einen Partner, der dich immer wieder an dein Ziel erinnert.

Überlege dir dann, wie du dich jedes Mal, wenn deine Selbstbeherrschung in Gefahr ist, **sanft daran erinnern kannst**, diese Aktivitäten durchzuführen. Du könntest Erinnerungen auf deinem Telefon einstellen, Zettel in deinem Haus aufhängen und deinen Partner bitten, sich ab und zu bei dir zu melden.

Untersuche auch deine Umgebung auf Faktoren, die deine schlechte Angewohnheit auslösen oder dich dazu verleiten könnten, deinem Verlangen nachzugeben. Vielleicht steht in deinem Zimmer ein Fernseher, und wenn du ihn siehst, siehst du stundenlang fern. Vielleicht hast du in deinem Zimmer ein paar coole Poster über soziale Medien aufgehängt, die dich unbewusst zu deinen sozialen Netzwerken locken.

Um diszipliniert zu bleiben, musst du auch **deine Emotionen** und deine Neigung, anderen zu gefallen, **besser in den Griff bekommen**. Den meisten von uns fällt es schwer, Nein zu sagen, selbst wenn wir im Recht sind.

Vielleicht taucht ein Freund unangekündigt auf und bittet dich, ihn zu begleiten, um seine Besorgungen zu machen. Obwohl du zu tun hast, stimmst du zu, ihn zu begleiten, nur um ihm zu gefallen. Wenn du ein Menschenfreund bist oder es nicht ablehnen kannst, anderen zu helfen, nur weil du der "nette Kerl" bist, wird dieses Szenario bei dir gut ankommen. Es ist in Ordnung, sich so zu fühlen, aber denke daran, dass du deine Ziele nur erreichen kannst, wenn du dich mehr auf deine Bedürfnisse und Ziele konzentrierst und weniger auf die Bedürfnisse anderer.

Wenn dich jemand zu einem Zeitpunkt um einen Gefallen bittet, zu dem du persönliche Dinge zu erledigen hast, lehne **höflich** ab. Lerne, öfter NEIN zu sagen als JA. Atme tief durch, denke an deine Ziele und höheren Verpflichtungen und sage der anderen Person, wie beschäftigt du bist und dass du ihrer Bitte nicht nachkommen kannst.

Weiche nicht von deinem Standpunkt ab, und gib auch keine Ausreden. Sei klar, präzise und entschlossen; schon bald wirst du den Dreh raus haben, bei Bedarf Nein zu sagen. Ja, helfe anderen, wenn du Zeit dafür hast, aber niemals auf Kosten deiner Arbeit und Produktivität.

Entferne alle ablenkenden Elemente aus deinem Umfeld, um sicherzustellen, dass es frei von allem bleibt, was dich zu deinen Versuchungen verleitet.

Gehe nun **deine tägliche Arbeits- und Lebensroutine durch** und erstelle einen Zeitplan, der deine Gewohnheitsänderung unterstützt. Trage die Praktiken ein, die du durchführen musst, um eine gute Gewohnheit zu entwickeln oder eine schlechte zu ändern, sowie deren Startzeit und Gesamtdauer.

Schreibe in denselben Zeitplan **Aufzählungspunkte**, was du tun musst, wenn deine Versuchungen dich in Versuchung führen wollen. Sobald du ein komplettes System zum Aufbau von Selbstdisziplin erstellt hast, das deine Selbstbeherrschung fördert, solltest du damit beginnen, daran zu arbeiten.

Du kannst so viel **planen und strategisch vorgehen**, wie du willst, aber du erzielst nur dann Ergebnisse, wenn du es auch tust. Beginne mit der Umsetzung deines Plans zur Selbstdisziplinierung, um die besten Gewohnheiten für Glück, Erfolg, Reichtum und vieles mehr zu entwickeln, damit du wirklich befähigt wirst.

Bei der Arbeit am Aufbau gesunder und positiver Gewohnheiten stoßen viele Menschen auf verschiedene Aussagen und Ansichten, die ihre Willenskraft erschüttern. Obwohl viele solcher Aussagen reine Mythen sind, können sie Selbstzweifel auslösen und demotivieren.

Das folgende Kapitel räumt mit sechs der größten **Mythen im Zusammenhang mit Gewohnheiten** auf, um den Prozess der Gewohnheitsänderung reibungsloser und angenehmer zu gestalten.

Kapitel 5: Sechs Mythen über Gewohnheiten ausgeräumt

Die Änderung von Gewohnheiten ist oft ein schwieriger Prozess. Das ist so, weil wir uns immer wieder von bestimmten Mythen täuschen lassen. Wie um alles andere ranken sich auch um Gewohnheiten bestimmte Mythen.

In diesem Kapitel werden wir uns mit sechs der bekanntesten Gewohnheitsmythen auseinandersetzen und sie entlarven, um dir die Möglichkeit zu geben, dich auf den Weg zu machen, die stärksten Gewohnheiten für Erfolg, Gesundheit, Reichtum, Glück und Überfluss zu entwickeln.

Gewohnheitsmythos Nr. 1: Mangelnde Willenskraft führt zur Entwicklung schlechter Gewohnheiten

Wenn es den meisten von uns nicht gelingt, ihre schlechten Angewohnheiten abzulegen, schieben wir das meist auf unsere schwache Willenskraft. Etwa ein Drittel der Menschen in den USA glaubt, dass sie nicht die nötige Selbstbeherrschung haben, um ihre Ziele zu erreichen. Etwa ein Viertel findet es schwierig, ihre Diätpläne einzuhalten, weil sie zu faul sind.

Du denkst vielleicht, dass du deine Ziele nur selten erreichst, weil es dir an Selbstbeherrschung mangelt, aber die Wahrheit ist weit davon entfernt. Fast 50 % der Aufgaben, die wir täglich erledigen, sind Aufgaben, die wir unbewusst erledigen. Das heißt, wir handeln, ohne viel nachzudenken.

Studien zeigen auch, dass Menschen mit hoher Selbstkontrolle nicht rund um die Uhr gegen ihre Versuchungen ankämpfen. Sie verlassen sich eher auf gute Gewohnheiten, die sie auf dem richtigen Weg halten. Selbstbeherrschung ist also nur eine Illusion, die auf einem Fundament aus verschiedenen Gewohnheitsmustern beruht.

Wenn die Muster mit der Zeit zur Gewohnheit werden, fällt es dir leicht, ihnen zu folgen, und so wächst deine Selbstbeherrschung. Wenn du also Schwierigkeiten hast, jeden Tag früh aufzustehen, um zur Arbeit zu gehen, oder wenn es dir nicht gelingt, Geld zu sparen, solltest du das nicht auf "schwache" Selbstkontrolle schieben.

Gewohnheitsmythos Nr. 2: Apps können dir helfen, deine Verhaltensweisen zu verbessern

Apps haben einen festen Platz in unserem Leben eingenommen. Wir haben für alles, was wir erreichen wollen, eine App parat, sei es zum Meditieren, für eine gesunde Ernährung, zum intermittierenden Fasten, zum Verfolgen der täglichen Ausgaben oder sogar zum Aufzeichnen unserer Gedanken.

Da sie so einfach und bequem zu bedienen sind, glauben viele Menschen, dass Apps uns zweifellos helfen können, verschiedene Verhaltensweisen zu entwickeln und zu verbessern. Book Lover, MyFitnessPal, Fitbit und andere ähnliche Apps sind dafür bekannt, Menschen zu verbessern.

Im Grunde genommen helfen Apps dabei, das eigene Verhalten zu überwachen. Die Überwachung deines Verhaltens ermöglicht es dir, deine Schwächen zu erkennen und deine Leistung zu verfolgen, aber sie trägt nicht viel dazu bei, eine dauerhafte Verhaltensänderung herbeizuführen. Wissenschaftler sind der Meinung, dass zwischen der Aufzeichnung von Informationen und der Durchführung einer spürbaren Verhaltensänderung eine große Lücke klafft.

Wenn du nichts Sinnvolles für eine bestimmte Gewohnheit tust und dich nur darauf konzentrierst, dich selbst zu überwachen, wird dies keine dauerhafte und bemerkenswerte Wirkung haben. Daher ist es ratsam, sich nicht auf Apps zu verlassen, um ungesunde Verhaltensweisen zu ändern. Du kannst sie nutzen, um deine Leistung zu verfolgen, aber erwarte nicht, dass sie dich innerhalb von zwei Wochen ohne große Anstrengung verbessern.

Gewohnheitsmythos Nr. 3: Es dauert immer 21 Tage, um eine Gewohnheit aufzubauen

Die Idee, dass man sich in nur 21 Tagen eine Gewohnheit aneignen oder abgewöhnen kann, stammt aus einem Buch über Gewohnheiten von Maxwell Maltz. Viele Selbsthilfebücher versprechen, dass man in nur drei Wochen seine Geldprobleme lösen, einen schlankeren Körper bekommen und das Rauchen aufgeben kann.

Ja, es dauert etwa 21 Tage, um sich an ein bestimmtes Verhalten zu gewöhnen, das du aufbauen oder ändern möchtest, aber es gibt keine feste, magische Zahl für den Aufbau von Gewohnheiten. Bestimmte Verhaltensweisen brauchen weniger Tage, um in deinem Leben Wurzeln zu schlagen, während andere länger brauchen.

Eine Studie hat gezeigt, dass Menschen, die mit dem Trinken von Wasser vor den Mahlzeiten beginnen wollten, 18 Tage brauchten, um diese Gewohnheit zu entwickeln. Andererseits zeigt eine andere Studie, dass die Befragten fast ein ganzes Jahr brauchten, um sich regelmäßige Bewegung anzugewöhnen. Im Durchschnitt dauert es etwa 66 Tage, um eine neue Gewohnheit zu entwickeln.

Für viele von uns ist die Einführung einer Routine mit genau definierten Systemen das, was am besten funktioniert, um Gewohnheiten aufzubauen oder zu durchbrechen. Es geht nicht um die Anzahl der Tage, an denen man arbeitet, sondern um die Zeit und den Ort, an dem man die Tätigkeit ausführt.

Eine Studie mit regelmäßig Sport treibenden Personen ergab, dass 90 % von ihnen den Zeitpunkt oder den Ort der Übung als Auslöser für die Gewohnheit nutzten; die Übung war ein automatisches Verhalten, das weniger Willenskraft und Gedanken erforderte.

Wenn du 21 Tage lang an einer Übung gearbeitet hast, die zur Gewohnheit werden soll, aber immer noch Schwierigkeiten hast, sie automatisch auszuführen, gib dir etwas mehr Zeit und bleib konsequent; die neue Routine wird sich schließlich durchsetzen. Arbeite einfach weiter daran, und du wirst die Ziellinie erreichen.

Auch die Zeit, die verschiedene Menschen brauchen, um an einer Gewohnheit zu arbeiten, ist unterschiedlich. Du brauchst vielleicht 30 Tage, um eine starke Gewohnheit zu entwickeln, aber dein Freund braucht vielleicht 90 Tage, um das gleiche Muster zu entwickeln. Sei einfach geduldig mit dir selbst und mach weiter.

Gewohnheitsmythos Nr. 4: Realistische Ziele sind der einzige Weg, um Gewohnheiten zu ändern

Was die Änderung von Gewohnheiten betrifft, so sind Experten der Meinung, dass man sich realistische Ziele setzen muss. Eine Studie zu diesem Thema zeigt, dass diejenigen, die ihre Gewohnheiten ändern wollen, lieber ein Buch über Zielsetzung als ein Buch über Umweltveränderungen kaufen.

Die Wahrheit ist genau das Gegenteil davon:

Sich realistische Ziele zu setzen ist wichtig, um schlechte Gewohnheiten durch gute zu ersetzen. Das ändert jedoch nichts daran, dass auch dein Umfeld eine wesentliche Rolle bei der Umstellung deines Verhaltens spielt. Wenn du die Auslöser für unerwünschtes Verhalten änderst, kannst du auch die entsprechenden Gewohnheiten ablegen.

Wenn du in deiner Lieblingscafeteria ungesunde Snacks durch gesunde ersetzt, wirst du wahrscheinlich weniger schädliche Lebensmittel essen. Wenn du ein Laufband direkt neben deinem Schreibtisch hast, wirst du wahrscheinlich mehr laufen/joggen, als wenn du kein Laufband hättest.

Eine Studie, die an Veteranen des Vietnamkriegs durchgeführt wurde, zeigte die Bedeutung unserer Umwelt. 20 % von ihnen waren während ihrer Dienstzeit in Übersee heroinabhängig. Davon wurden 5 % nach ihrer Rückkehr in die Heimat rückfällig. Die Forscher glauben, dass diese starke Veränderung auf die drastische Veränderung ihrer Umgebung zurückzuführen ist.

Gewohnheitsmythos Nr. 5: Das Wissen um die Vorteile einer neuen Gewohnheit ändert dein Verhalten

Dies ist ein weiterer weit verbreiteter Mythos in Bezug auf die Änderung von Gewohnheiten. Man glaubt, wenn man die Vorteile einer neuen Gewohnheit, die man kultivieren möchte, kennt, wird man diese Gewohnheit erfolgreich entwickeln.

Um die Massen dazu zu bringen, mehr Obst und Gemüse zu essen, rief die Bundesregierung im Jahr 2007 die Kampagne "Obst und Gemüse, mehr ist wichtig" ins Leben. So beeindruckend die Kampagne auch sein mag, sie hat nicht funktioniert - zumindest nicht so effektiv, wie man gehofft hatte. Seit 2007 ist der Verbrauch von Obst und Gemüse zurückgegangen.

Die Forschung hat immer wieder dasselbe gezeigt. Die Aufklärung der Menschen über die Vorteile eines bestimmten Verhaltens schärft nur ihr Bewusstsein, führt aber nicht zu einer Änderung der Gewohnheiten.

Die Bildung von Gewohnheiten geschieht durch das tatsächliche Tun von Dingen. Die Langzeitgedächtnissysteme, die an der Entwicklung von Gewohnheiten beteiligt sind, ändern sich nicht mit neuen Vorsätzen. Forscher haben herausgefunden, dass die Assoziationen mit alten Gewohnheiten fortbestehen und Verhaltensänderungen selbst dann behindern, wenn ein neuer Vorsatz gefasst wird.

Gewohnheitsmythos Nr. 6: Man kann Gewohnheiten nur auf die "kalte Art" aufgeben

Ein weit verbreiteter Irrglaube im Zusammenhang mit Gewohnheiten ist, dass der kalte Entzug der einzige Weg ist, um eine Sucht zu beenden. Mit dem Rauchen kann man zum Beispiel entweder sofort aufhören oder nicht. Der "langsame und schrittweise" Ansatz funktioniert nicht. Dies ist nichts als ein Mythos.

In seinem Bestseller "Atomic Habits" beschreibt James Clear, wie kleine, schrittweise Änderungen an alten Gewohnheiten auf lange Sicht zu einer Verstärkung der Wirkung führen. Eine positive Gewohnheit komplett zu übernehmen oder eine negative Gewohnheit auf einen Schlag aufzugeben, sind extreme Maßnahmen, die nur selten zu positiven Ergebnissen führen.

Diese Mythen haben lange Zeit viele Menschen davon abgehalten, an der Änderung ihrer ungesunden Gewohnheiten zu arbeiten. Wahrscheinlich haben sie auch dich in ähnlicher Weise beeinflusst. Jetzt, da wir sie entlarvt haben, wird es dir leichter fallen, dich von ihnen zu befreien.

Gehen wir im folgenden Kapitel zu den ersten **Selbstfürsorgegewohnheiten über**.

Teil 2: Gesundheitliche Gewohnheiten

"Gute Gewohnheiten sind der Schlüssel zu jedem Erfolg. Schlechte Gewohnheiten sind die unverschlossene Tür zum Scheitern."

-Og Mandino

Kapitel 6: Die Schlafgewohnheit

"Ich liebe den Schlaf. Mein Leben neigt dazu, auseinanderzufallen, wenn ich wach bin, weißt du?" - **Ernest Hemingway**

Es ist verständlich, dieses Gefühl zu haben, da viele Menschen es teilen. Guter Schlaf ist etwas, wonach sich viele von uns sehnen, und es ist auch etwas, wovon wir in diesem modernen Zeitalter der vielbeschäftigten Menschen oft nicht viel bekommen. Nein, das liegt nicht an einem Schlafmangelvirus, der sich ausbreitet. Schlechter Schlaf oder Schlafmangel ist auf schlechte Schlafgewohnheiten zurückzuführen, an denen viele von uns selbst schuld sind.

Dieser Teil des Buches konzentriert sich auf die vielen Selbstfürsorge-Gewohnheiten, die du entwickeln kannst, um besser für dich zu sorgen und körperlich, geistig und emotional gesund zu werden.

Das Bedürfnis, gut zu schlafen

Nach Angaben der American Association of Sleep benötigen Erwachsene zwischen sieben und neun Stunden Schlaf, um optimal zu funktionieren. Wenn du weniger Stunden schläfst, verschlechtert sich deine körperliche und geistige Gesundheit langsam.

Hier erfährst du, was ein guter Schlaf täglich für dich bedeutet:

- Er stärkt dein Immunsystem

- Er hält deinen Darm gesund und verhindert, dass du oft krank wirst

- Er hilft dir, ein gesundes Körpergewicht zu halten

- Er reduziert Stress

- Er verbessert dein emotionales Wohlbefinden und deine Stimmung

- Er verbessert deine Konzentration

- Er ermöglicht es dir, klar zu denken und gute Problemlösungen zu finden.

- Er hilft dir, dich den ganzen Tag über frisch und aktiv zu fühlen

- Er verringert die Wahrscheinlichkeit der Entwicklung von Gesundheitsproblemen wie Herzproblemen und Diabetes

Aus all diesen Gründen und um ein besserer Mensch für die Menschen um uns herum zu sein, ist guter Schlaf unerlässlich. Wir können nicht leugnen, dass wir dazu neigen, zu einer tickenden Zeitbombe zu werden, wenn wir aufgrund schlechter Gesundheit und dysfunktionaler mentaler Kognition in schlechter Stimmung sind.

Hier erfährst du, wie du es dir zur Gewohnheit machen kannst, gut zu schlafen.

Wie man die Gewohnheit entwickelt, gut zu schlafen

Wenn du Schwierigkeiten hast, nachts ruhig zu schlafen und während der sechs bis neun Stunden, die du zum Schlafen und Träumen brauchst, immer wieder aufstehst, hast du offensichtlich nicht daran gearbeitet, deine Schlafgewohnheiten zu verbessern.

Aber keine Sorge. Mit diesem Buch an deiner Seite kannst du dir diese Gewohnheit schnell aneignen. Hier sind die wichtigsten kleinen Gewohnheiten, die du dir angewöhnen solltest, um täglich einen guten Schlaf zu bekommen.

Plane deinen Tag am Vorabend

Viele von uns machen den Fehler, den nächsten Tag zu planen, wenn er beginnt. Man beginnt den Tag mit dem Gedanken, was man erreichen will, was einen Großteil der Energie und Zeit verbraucht, noch bevor man mit den Aufgaben des Tages beginnt.

Da die Planung die Zeit für die eigentliche Arbeit in Anspruch nimmt, musst du diese später durch den Verlust von Schlaf kompensieren. Die Dinge werden überschaubarer, wenn du deinen Tag schon am Vorabend planst, damit du pünktlich ins Bett gehen kannst. So kannst du auch die Schlafenszeit so planen, dass du sofort einschlafen kannst.

Um diese Gewohnheit zu entwickeln, musst du Folgendes tun:

- Nimm dir jeden Abend vor dem Schlafengehen 15 Minuten Zeit und setze dich an einen ruhigen Ort.

- Nimm dein Tagebuch und überlege, was du am nächsten Tag tun musst.

- Notiere alle zu erbringenden Leistungen (vorrangige Aufgaben) zusammen mit einem klaren Zeitplan für die Erledigung dieser Aufgaben.

- Gehe die Aktivitäten mehrmals durch, um sicherzustellen, dass du nichts Wichtiges übersehen hast.

- Stelle den Alarm oder die Benachrichtigung über deinen Google-Kalender ein, um an dieser Gewohnheit zu arbeiten.

- Plane alle energiereichen Aktivitäten mindestens 3 bis 4 Stunden vor deiner geplanten Schlafenszeit. Körperliche Aktivitäten oder Aufgaben, die einen Adrenalinstoß auslösen, führen zu einem Überschuss an Erregung im Körper, der deinen Schlafzyklus durcheinanderbringt. Plane solche Aktivitäten für den frühen bis mittleren Tag ein, damit du dich kurz vor dem Schlafengehen müde fühlst und leicht einschlafen kannst.

Erstelle einen Schlafrhythmus mit 6 bis 8 Schlafstunden

Erwachsene brauchen zwischen 7 und 9 Stunden Schlaf, aber 6 bis 8 Stunden täglich sind auch ausreichend. Ein strikter Schlafplan sorgt dafür, dass du dich den ganzen Tag über fit genug fühlst, um zu arbeiten. Hier erfährst du, wie du diese Gewohnheit aufbauen kannst:

- Wenn möglich, schlafe an vier verschiedenen Tagen jeweils 6, 7, 8 und 9 Stunden. Halte dein Arbeitspensum und deine Aktivitäten an diesen Tagen gleich.

- Analysiere dein Energieniveau, deine Stimmung und deine Arbeitsleistung an diesen Tagen, um deinen optimalen Schlafbedarf zu ermitteln. Manche Menschen funktionieren gut, wenn sie 6 Stunden schlafen, während andere am besten arbeiten, wenn sie 8 Stunden Schlaf bekommen. Andererseits gibt es Menschen, die sich nach 9 Stunden Schlaf am Stück schläfrig fühlen, aber nach 7 Stunden Schlaf optimal funktionieren.

- Sobald du deinen optimalen Schlafbedarf ermittelt hast, lege eine Schlaf- und Aufstehzeit fest, die es dir ermöglicht, für diese Dauer zu schlafen.

- Geh 15 bis 30 Minuten früher zu Bett als deine Schlafenszeit.

- Lege dein Handy weg und atme tief durch, um dich besser auf die Entspannung zu konzentrieren.

- Ich empfehle, die geführte Meditation Yoga Nidra zu praktizieren, um das Einschlafen zu erleichtern.

- Wache zur festgelegten Zeit auf, auch wenn du in der Nacht nicht gut geschlafen hast. Es wird ein paar Tage dauern, bis sich dein zirkadianer Rhythmus an diese neue Routine gewöhnt hat, aber bald wirst du dieses Ziel erreichen.

Schaffe eine gesunde Schlafumgebung

Wenn du dir angewöhnen willst, ausreichend und fest zu schlafen, musst du dir zunächst eine angenehme Schlafumgebung schaffen.

- Prüfe die Temperatur in deinem Zimmer und passe sie deinen Bedürfnissen an. Eine niedrige Temperatur fördert einen guten Schlaf, aber du kannst die Temperatur so halten, wie es dir passt.

- Werfe alle Arten von elektronischen Geräten und Gadgets aus deinem Zimmer. Vermeide es, solche Gegenstände mit in dein Schlafzimmer zu nehmen, damit dein Raum zu einer Oase des Schlafes wird, in der es keine Ablenkungen gibt und du dich sofort entspannt fühlst, wenn du ihn betrittst. Wenn du jedoch eine kleine Wohnung hast und nur vom Bett aus arbeiten kannst, solltest du deine elektronischen Geräte eine Stunde vor dem Schlafengehen weglegen. Blaue Strahlen von Bildschirmen stören den zirkadianen Rhythmus (der für viele Dinge verantwortlich ist, auch für den Schlaf). Daher ist es wichtig, die Bildschirmzeit zu begrenzen, vor allem vor dem Schlafengehen.

- Dimme das Licht in deinem Zimmer mindestens 30 Minuten vor deiner Schlafenszeit.

- Spiele vor dem Schlafengehen leichte Musik oder beruhigende Naturgeräusche in deinem Zimmer, damit du dich entspannen kannst. Wenn das bei dir nicht funktioniert, brauchst du es nicht zu üben.

- Überprüfe, ob dein Bett, deine Matratze, deine Bettdecken, Laken, Kissen und andere Bettwaren bequem genug sind, um den Schlaf einzuleiten.

Überprüfe diese Dinge regelmäßig, damit es dir leichter fällt, einzuschlafen.

Meditieren vor dem Schlafengehen

Meditation ist eine beruhigende Praxis, die deinem Geist und deinem Körper hilft, eins zu werden, und die es dir ermöglicht, im Augenblick zu leben. Sie entspannt deinen Geist, lenkt dich von Spannungen ab und ermöglicht es dir, das zu tun, was du in der Gegenwart tun möchtest.

Meditiere vor dem Schlafengehen als gute Möglichkeit, deinen Geist von chaotischen und stressigen Gedanken zu befreien, die deine Aufmerksamkeit vom Schlaf ablenken könnten. Hier erfährst du, wie du das machen kannst:

- Setze dich mindestens 30 bis 40 Minuten vor dem Schlafengehen in dein Schlafzimmer.

- Sage etwa zehnmal: "Ich werde friedlich meditieren".

- Schließe die Augen und halte deine Hände an der Seite.

- Atme durch die Nase ein und zähle dabei bis 5.

- Spüre deinen Atem, wie er in deinem Körper zirkuliert, und schenke ihm beim Einatmen deine volle Aufmerksamkeit.

- Atme durch den Mund aus und zähle dabei bis 6 oder mehr. Wenn du mehr Luft ausatmest, entspannst du dich besser.

- Achte auf die Ausatmung, so wie du auf die Einatmung geachtet hast.

- Atme auf diese Weise zehn vollständige Zyklen lang oder 5 bis 10 Minuten lang, um bessere Ergebnisse zu erzielen. Da es schwierig sein kann, sofort 10 Minuten zu meditieren, fange mit 30 Sekunden an, erhöhe die Zeit auf 60 Sekunden und dann auf einige Minuten.

- Praktiziere die <u>geführte Meditation Yoga Nidra</u> oder die <u>Silva-Methode.</u>

Bleibe bei dieser Übung und beobachte, wie du dich dabei fühlst. Du wirst dich wahrscheinlich ruhiger und aufmerksamer als je zuvor fühlen; vielleicht fällt es dir auch leichter, bequem einzuschlafen. Eine gute

Nachtruhe ist nur ein paar kleine Gewohnheiten entfernt. Befolge die oben genannten Richtlinien, und du wirst froh sein, dass du in diese neue Lebensweise investiert hast, die du für dich selbst schaffen willst.

Kommen wir zur nächsten Gruppe von Selbstfürsorgegewohnheiten ...

Kapitel 7: Die Gewohnheit, gut zu essen

"Wir sind unsere eigenen Töpfer; denn unsere Gewohnheiten machen uns, und wir machen unsere Gewohnheiten". - **Frederick Langbridge**

Glaubst du, dass das Wort "Gesundheit" selbsterklärend ist und wir zu viel darüber nachdenken, was es bedeutet, gesund zu sein? Hast du eine Erklärung für das menschliche Wohlbefinden, oder denkst du auch, dass Diäten wie Keto oder Carb-Cycling der beste Ansatz sind?

Neue Diätkonzepte haben bei den Menschen eine Menge Verwirrung gestiftet. Wenn du nach Fitness gefragt wirst, kommst du mit Beschreibungen, die du in sozialen Medien gelesen hast, und betrachtest die Frage nie aus der Perspektive eines Laien. Meinst du nicht, dass es eine einfache Argumentation geben sollte, mit der jeder etwas anfangen kann?

Bevor du dir ein Urteil bildest, musst du wissen, warum eine gesunde Ernährung wichtig ist. Wenn du das Ergebnis einer gesunden Ernährungsweise siehst, hast du deine Definition und Antwort.

Warum muss ich mich für gesunde Lebensmittel entscheiden?

Die Ernährung ist eines der wichtigsten Instrumente für ein gutes und langes Leben".

Das bedeutet, dass Lebensmittel einen direkten Einfluss auf dein Leben haben.

Eine richtige Ernährung gibt dir die Kraft, deine geistige Gesundheit zu erhalten, Krankheiten zu bekämpfen und deinen Körper zu formen. Chronische Krankheiten, Depressionen und Fettleibigkeit sind häufig auf eine schlechte Ernährung zurückzuführen.

Diese Ergebnisse sind alle miteinander verbunden, weil sie aus einer einzigen Ursache hervorgehen. Wenn du sie behebst, wirst du diese Probleme überwinden und ein erfülltes Leben führen.

Wie du deine Essgewohnheiten verbessern kannst

Das Problem ist nicht dein Heißhunger, sondern deine Nachlässigkeit, die deinen Heißhunger schürt. Du disziplinierst dich nicht und stopfst dich schließlich mit nicht nahrhaften Lebensmitteln voll. Die Herausforderung besteht darin, Prioritäten zu setzen, was und wann man isst.

Zieh die folgenden Initiativen in Betracht, um deine Reise zu einer besseren Ernährung zu beginnen.

Plane deine Mahlzeiten im Voraus

Es erspart dir Verwirrung und Zeitverschwendung bei der Entscheidung, was du essen sollst. Wenn du einen konkreten Plan hast, kannst du dich auf die Mahlzeit freuen, während du arbeitest. Dein Geist bereitet dich automatisch auf die Mahlzeit vor und gibt dir die Entschlossenheit, dich daran zu halten. Kurz gesagt, es verhindert, dass du dich von Gedanken an ungesundes Essen hinreißen lässt.

Vergewissere dich auch, dass du die Zutaten für dein Essen hast, sonst wird es enttäuschend. Niemand ändert gerne seine Pläne im letzten Moment.

Plane eine wöchentliche Nährwerttabelle

Setze dich hin und notiere deine bevorzugten gesunden Lebensmittel und mach eine gute Einkaufsliste. Kauf alle Zutaten in einem einzigen Einkauf ein und plane deine Mahlzeiten. Auf diese Weise weißt du, was du zum Frühstück, Mittag- und Abendessen essen wirst, wenn du dich darauf einstellst, es besser vorzubereiten.

Denk auch daran, wie wichtig der Zeitpunkt jeder Mahlzeit ist. Mit dem Frühstück beginnt der Tag, es sollte also viel Energie liefern. Es ist ratsam, Eiweiß und Ballaststoffe zu wählen und das Frühstück nicht mit fett- oder kalorienreichen Lebensmitteln zu verderben.

Nimm ein moderates Mittagessen ein, das auch die restlichen Nährstoffe enthält, und nimm immer ein leichtes Abendessen zu dir. Mit leicht ist gemeint, dass du entweder die Größe der Portionen begrenzt oder leicht verdauliche Speisen zu dir nimmst. Gedünstetes Gemüse mit gegrilltem Hähnchen wäre eine gute Option.

Packe (zu Hause), was du für jeden Tag brauchst

Wenn du das Mittagessen von zu Hause mitnimmst, hast du mehr Kontrolle über die Auswahl deiner Lebensmittel. Wenn du dir morgens etwas mehr Zeit nimmst, um dir ein Mittagessen zuzubereiten, wirst du es nicht vergeuden.

Diese Planung ist mit deinem Wochenplan verknüpft. Je mehr Zeit, Energie und Ressourcen du in deinen Wochenplan investierst, desto leichter wird es dir fallen, dein Essverhalten in den Griff zu bekommen.

Iss vormittags und nachmittags ein Stück Obst oder eine Portion rohes Gemüse

Nimm Obst und Gemüse in deine Ernährung auf. Versuche, sie so nah wie möglich an ihrer ursprünglichen Form zu halten. Mache keine Säfte aus ihnen und verwende sie nicht in Torten. Verzehre natürliche Lebensmittel so, wie sie sind, um einen maximalen Nährwert zu erhalten.

Es ist nicht zwingend notwendig, sie zu deinem Hauptgericht hinzuzufügen. Du kannst einen Salat für deinen Mittagssnack zubereiten und ihn mit einem Salatdressing dekorieren, um ihn ansprechend und attraktiv zu gestalten.

Eine gemüse- und obstreiche Ernährung senkt das Risiko von Herzkrankheiten und Vitaminmangel, beugt verschiedenen Krebsarten vor und kontrolliert Blutzucker und Verdauungsprobleme. Einige empfohlene Gemüse- und Obstsorten sind Gurken, Sellerie, Brokkoli, Äpfel, Blaubeeren, Grünkohl, Avocados, Zitrusfrüchte, grünes Blattgemüse usw.

Packe einen gesunden Snack für die Heimfahrt von der Arbeit ein

Wenn man müde und schläfrig von der Arbeit zurückkommt, hat man keine Lust, in die Küche zu gehen und etwas zu kochen. Stattdessen scheint es bequemer zu sein, etwas zu bestellen, und meistens bekommt man Junkfood. Solche Vorkommnisse stören gesunde Gewohnheiten, vor allem, wenn sie nicht geplant sind.

Es gibt Tage, an denen du nicht kochen willst, und das ist völlig in Ordnung. Du kannst auf Alternativen ausweichen, z. B. etwas Gesundes von draußen holen, aber lass nicht zu, dass diese Faulheit deine Essensauswahl vollständig kontrolliert. Denke an faulen Tagen an gesunde Alternativen und vermeide verarbeitete Lebensmittel.

Schau dir keine Drive-Thru-Restaurants an, sondern tu so, als gäbe es keine Fastfood-Restaurants!

Einkaufen am äußeren Rand des Lebensmittelladens

Hast du dich jemals gefragt, ob du in einem Lebensmittelgeschäft richtig einkaufst? Du neigst dazu, die meiste Zeit im Laden zu verbringen und zwischen den Gängen hin und her zu laufen, obwohl du eigentlich frische Lebensmittel wie Fleisch und Milchprodukte kaufen solltest.

In der Mitte eines jeden Lebensmittelgeschäfts findest du alle verarbeiteten Lebensmittel und Konserven. Die Frischwaren befinden sich hauptsächlich am Rand des Ladens. Versuche, so viele Produkte wie möglich von dort zu kaufen, und laufe nicht im Inneren herum. Auf diese Weise wirst du nicht von deinem Plan abweichen.

Ein gesunder Lebensstil zahlt sich aus; zum Glück ist er nicht schwer zu erreichen. Mit Ausdauer und Entschlossenheit wirst du süchtig danach und wirst dich fragen, warum du es nicht schon früher getan hast. Nachdem du deine Ernährung umgestellt hast und dich mit deinen neuen Lebensmitteln wohl fühlst, lass uns zum nächsten Schritt übergehen ...

Die Gewohnheit der **Bewegung und Fitness**

Kapitel 8: Die Gewohnheit der Bewegung/Fitness

"Der Trick zum Erfolg besteht darin, die richtige Gewohnheit zu wählen und gerade genug Disziplin aufzubringen, um sie zu etablieren.

- Gary Keller und Jay Papasan

Ein körperlich fitter Körper ermöglicht es dir, deine Routineaufgaben effektiv zu erledigen und ein gesundes Leben zu führen. Schlaf und eine gute Ernährung tragen sicherlich zu deiner körperlichen und geistigen Gesundheit bei. Bewegung spielt in dieser Gleichung eine wichtige Rolle. Wir wissen zwar, wie wichtig Bewegung ist, aber nur wenige von uns praktizieren sie regelmäßig.

Selbstfürsorge bedeutet, dem Körper die notwendige Pflege zukommen zu lassen, was am besten gelingt, wenn man sich ausreichend bewegt und aktiv bleibt. Leider führen viele von uns ein sitzendes Leben, das durch geringe Mobilität, zunehmende Abhängigkeit von technischen Geräten und - dank COVID-19 - auch durch die Arbeit von zu Hause aus gekennzeichnet ist. So entspannend dieser Lebensstil auch klingen mag, er ist schädlich für unsere Gesundheit und unser Wohlbefinden.

Warum die Gewohnheit, Sport zu treiben?

Bewegung hilft dir, fit und aktiv zu bleiben. Sie verbessert deine Beweglichkeit und Mobilität und steigert damit deine Lebensqualität. Hier erfährst du, wie die Gewohnheit, regelmäßig Sport zu treiben, dein Leben bereichert:

- Er fördert die kognitive Gesundheit

- Er verbessert die Gesundheit des Herzens

- Er reduziert das Risiko von Diabetes, Bluthochdruck und Herzproblemen

- Er stärkt das Immunsystem

- Er beseitigt geistigen und mentalen Nebel

- Er lindert Stress, Angst und Depressionen

- Er verbessert das emotionale und geistige Wohlbefinden

- Er steigert die Ausdauer und körperliche Kraft

- Er hilft, das Gewicht zu kontrollieren und die mit Fettleibigkeit zusammenhängenden Krankheiten besser zu bewältigen.

- Er verbessert die Effizienz und allgemeine Produktivität

Wenn du all diese Vorteile der Bewegung nutzen willst, ist es an der Zeit, eine Bewegungsgewohnheit aufzubauen.

Wie man sich Bewegung zur Gewohnheit macht

Mein Ziel ist es, die Dinge für dich zu vereinfachen. Auch wenn Sport als langwierige Tätigkeit oder als etwas, für das man sich sehr anstrengen muss, erscheinen mag, kannst du ihn zur Gewohnheit machen, indem du dich auf einige kleine Gewohnheiten konzentrierst.

Täglich eine feste Uhrzeit festlegen

Genauso wie du den Hinweis auf eine Gewohnheit verstehen musst, um sie zu ersetzen, musst du ein Alarmsignal setzen, um eine neue Gewohnheit aufzubauen.

Gewohnheiten wachsen gut, wenn sie mit Pünktlichkeit gefüttert werden. Wenn du jeden Tag eine bestimmte Aufgabe zu einer festen Zeit erledigst, wird dies bald zur Gewohnheit. Genau um 17 Uhr würdest du deinen Abendtee trinken oder meditieren wollen, wenn du diese Gewohnheiten zu dieser Zeit verankert hast. Das Gleiche gilt für die Gewohnheit, Sport zu treiben.

Nutze die Zeit als Auslöser für diese Gewohnheit, sodass du jedes Mal, wenn die Uhr 18 Uhr oder 8 Uhr morgens schlägt, den Drang verspürst, dich zu bewegen.

Das musst du tun:

Such dir einen **günstigen Zeitpunkt aus, an dem du trainieren kannst.** Wähle einen Zeitpunkt, an dem du nichts Dringendes zu tun hast.

Such dir eine Zeit aus, in der du 10 bis 15 Minuten, wenn nicht mehr, für das Training aufwenden kannst. Das kann am Morgen, Mittag, Nachmittag oder Abend sein. Der späte Abend und die Nacht sind nicht ideal, da du beim Training kurz vor dem Schlafengehen in einen Hypermodus versetzt wirst, der deinen Schlafzyklus stört.

Halte diese Zeit täglich ein, indem du Alarme und Erinnerungen einrichtest und überall im Haus Haftnotizen hinterlässt.

Beginne mit dieser kleinen Übung, und in etwa 3 bis 4 Wochen wirst du automatisch den Drang entwickeln, zur festgelegten Zeit zu trainieren.

Klein anfangen

*"Die Reise von tausend Meilen beginnt mit einem einzigen Schritt." - **Lao Tzu***

Um einen Spaziergang von einem Kilometer zu absolvieren, musst du den ersten Schritt machen. Um 60 Minuten am Stück zu trainieren, fang mit ein oder zwei Minuten an. Wenn du dich lange Zeit nicht bewegt hast, wird es dich überfordern, gleich eine Stunde lang Sport zu treiben.

Kleine Schritte sind der beste Weg, um voranzukommen:

- Nimm dir 5 bis 10 Minuten Zeit, um zu trainieren.

- Wähle eine anstrengende körperliche Aktivität. Du kannst Aerobic, Zumba, Yoga, Pilates, Kickboxen, Schwimmen, Tennis oder etwas anderes machen, das dein Herz zum Rasen bringt und dich ins Schwitzen bringt.

- Wenn du ins Fitnessstudio gehen kannst, tu das. Du kannst dein Trainingsprogramm mit deinem Fitnesstrainer besprechen oder ein Programm auswählen, das deinem Körpertyp entspricht, indem du einige Zeit auf Google recherchierst.

- Beginne jeden Tag zur festgelegten Trainingszeit mit dem Training. Du kannst sogar 5 Minuten gehen oder joggen, wenn Aerobic oder Laufen auf dem Laufband nicht dein Ding ist.

Das mag dir im Moment noch zu wenig erscheinen, aber glaub mir, jeden Tag 5 Minuten zu trainieren ist eine beachtliche Leistung. In wenigen Wochen wirst du fantastische Ergebnisse in Form von strahlender Haut, mehr Ausdauer und besserer Laune feststellen.

Halte deine Schuhe bereit

Eine weitere kleine Angewohnheit, die sehr dazu beiträgt, dass du dir das Training zur Gewohnheit machst, ist, deine Schuhe bereitzuhalten. Wenn du deine Schuhe nicht finden kannst, wenn du trainieren musst, gerätst du vielleicht in Panik, rennst hektisch durch das Haus und fühlst dich schließlich demotiviert, zum Laufen zu gehen.

Im Gegenteil: Wenn deine Schuhe an der Tür bereitstehen, wirst du schnell in sie hineinschlüpfen und pünktlich zu deinem Training gehen.

- Reinige deine Trainingsschuhe am Vorabend.

- Bewahre sie zusammen mit einem frischen Paar Socken jeden Abend in der Nähe der Tür auf, damit du kurz vor dem Training nicht in einen hektischen Suchmodus verfällst.

- Wenn das Binden der Schnürsenkel lästig ist, wähle "Sockenschuhe" oder Turnschuhe mit Klettverschluss.

- Bewahre auch deine Trainingskleidung bzw. deinen Trainingsanzug so auf, dass du sie bei Bedarf leicht wiederfinden kannst.

- Wenn du vom Training nach Hause kommst oder zu Hause trainiert hast, ziehe bitte deine Schuhe aus, reinige sie und stelle sie sofort an den dafür vorgesehenen Platz.

- Bewahre deine Heimtrainingsgeräte in deinem Trainingsbereich auf, z. B. eine Trainingsmatte, Hanteln usw.

Fange an, an dieser Gewohnheit zu arbeiten, und bewerte dann, wie viel Leichtigkeit sie deinem Leben verleiht. Diese eine kleine Gewohnheit kann es einfacher machen, täglich zu trainieren.

Einfach zur Tür hinausgehen

Genau wie du es dir angewöhnt hast, deine Schuhe und Trainingskleidung bereitzuhalten, solltest du auch darauf achten, direkt vor die Tür zu gehen, wenn es Zeit ist, zu trainieren. Wenn du um 16 Uhr trainieren möchtest, begebe dich direkt zum Haupteingang, wenn der Wecker klingelt oder wenn die Uhr 4 schlägt.

Ignoriere den Drang, etwas anderes zu tun oder eine andere Aufgabe zu erledigen, und tue, was du geplant hast. Diese Spontaneität, direkt mit dem Training zu beginnen, hilft dir dabei, eine erfolgreiche Gewohnheit aufzubauen.

Mach es angenehmer

Wenn man zu jeder Aktivität ein Element der Spannung und des Spaßes hinzufügt, macht sie umso mehr Spaß. Das gilt auch für Sport. Wenn man sie angenehm gestaltet, ist man stärker involviert und es fällt einem leichter, bei der Sache zu bleiben.

Es ist wichtig, hier die menschliche Psychologie zu erörtern. Der menschliche Geist neigt von Natur aus zu intensiven Emotionen. An alles, was man stark empfindet, erinnert man sich besser und vertieft sich mehr. Alle Erinnerungen aus der Vergangenheit, die eine starke emotionale Bindung aufweisen, lassen sich leichter abrufen. In ähnlicher Weise freust du dich auf jede Aktivität, die dir wirklich Spaß macht.

Vor diesem Hintergrund macht es durchaus Sinn, etwas Freude und Spannung in dein Trainingsprogramm einzubauen. Hier sind einige Ideen für dich:

- Wähle für jeden Tag der Woche eine andere körperliche Aktivität. Montags könntest du Fahrrad fahren, dienstags Pilates machen, mittwochs schwimmen gehen und so weiter.

- Beziehe Freunde in dein Trainingsprogramm ein. Bitte ein oder zwei Freunde, mit dir ins Fitnessstudio zu gehen, dich beim Laufen zu begleiten oder lade sie zu einer Yoga-Sitzung bei dir zu Hause ein.

- Leg Musik auf und bewege dich im Rhythmus oder trainiere zu deiner Lieblingsmelodie.

- Trainiere an einem Ort im Freien, wie einem Park, Garten oder sogar einem Wald, wenn möglich.

Denk außerdem an glückliche Gedanken und Erinnerungen, wenn du trainierst, um das Erlebnis noch spannender zu machen.

Verpasse keine geplanten Tage

Nimm eine strenge Haltung gegenüber deinem Trainingsplan ein. Trage das Trainingsprogramm und die geplante Zeit in einen Planer ein und halte dich strikt daran. Du kannst sogar eine Belohnung damit verknüpfen, um dich selbst zu motivieren. Anreize haben eine magische Wirkung auf dein Unterbewusstsein und ziehen dich effektiv in Richtung deiner Gewohnheit.

Einen Ruhetag einlegen

Auch wenn es wichtig ist, keinen Tag auszulassen, ist es ebenso wichtig, zwischen den Trainingseinheiten einen Ruhetag einzulegen. Wenn du Sport treibst und trainierst, werden deine Muskeln abgenutzt; sie brauchen Ruhe, um sich zu regenerieren. Wenn du stundenlang trainierst, ohne einen Ruhetag einzulegen, kannst du dir eine Muskel-, Knochen- oder Gelenkverletzung zuziehen.

Um fit und gesund zu bleiben und alle Vorteile der Bewegung zu nutzen, solltest du einen Ruhetag in der Woche einführen. Für den Anfang ist ein 10-minütiges Training an sieben Tagen in der Woche in Ordnung. Du kannst sogar zwei Trainingseinheiten von je 10 Minuten an sechs Tagen pro Woche durchführen. Nach zwei bis drei Wochen kannst du die Dauer der Trainingseinheiten auf 15 Minuten an sechs Tagen pro Woche erhöhen.

Steigere die Trainingsdauer schrittweise auf 40 Minuten in etwa 4 bis 8 Wochen. Sobald du 40 Minuten trainierst, solltest du ein oder zwei Tage in der Woche für Ruhe sorgen.

Verfolge deinen Fortschritt

Nach einer Woche, in der du die oben beschriebenen Gewohnheiten aufgebaut hast, solltest du beginnen, deine Fortschritte zu verfolgen. In den ersten Tagen geht es darum, sich an die Praxis zu gewöhnen und einen Punkt zu erreichen, an dem du sie ohne Zwang ausüben kannst.

Wenn du ein paar Tage lang trainiert hast, überprüfe deine Fortschritte. Analysiere, ob du eine Körperhaltung richtig ausführst, ob du die gesamte Trainingszeit durchhältst oder ob du mit voller Energie trainierst oder nicht.

Verfolge deine Leistung und deinen Fortschritt wöchentlich und passe dein Programm entsprechend an. Vielleicht machen dir Hampelmänner keinen Spaß mehr, also kannst du sie durch Hanteln oder eine andere Übung ersetzen, die dir besser gefällt und dich mehr fordert. Vielleicht schaffst du problemlos drei Sätze Crunches, und jetzt ist es an der Zeit, die Sätze zu verdoppeln. Vielleicht wird dir die Arbeit im Haus zu langweilig, und du musst nach draußen gehen.

Prüfe, was bei dir funktioniert und was nicht, und passe deine Routine, Umgebung und Gewohnheiten entsprechend an.

Ich verstehe, dass es anfangs schwierig sein kann, sich zum Sport zu zwingen. Du bist nicht daran gewöhnt, und es fällt dir schwer, aber wenn du dich immer wieder dazu drängst, zu trainieren, und dir ein paar

Tage Zeit lässt, um dich daran zu gewöhnen, wirst du sehen, wie wunderbar es dein Leben verändert. Du wirst dich frischer, aktiver, glücklicher, selbstbewusster und proaktiver fühlen.

Im nächsten Kapitel geht es um diese lebenswichtige Gewohnheit, die für eine bessere Selbstfürsorge unerlässlich ist ...

Die Wassergewohnheit.

Kapitel 9: Die Wassergewohnheit

Der menschliche Körper besteht zu etwa 60 % aus Wasser. Wasser ist auch der wesentliche Bestandteil von etwa 90 % der lebenswichtigen Funktionen und Prozesse in unserem Körper. Daher ist es von entscheidender Bedeutung, dass wir ausreichend Flüssigkeit zu uns nehmen. Wenn der Wasserhaushalt sinkt, kommt es zur Dehydrierung, die viele Probleme mit sich bringt.

In diesem Kapitel erfährst du, warum und wie du es dir zur Gewohnheit machen kannst, mehr Wasser zu trinken.

Warum mehr Wasser trinken?

Ein leichter Flüssigkeitsmangel von nur 2 % beeinträchtigt deine Stimmung, deine Reaktionszeit, dein Gedächtnis, dein Energieniveau und deine Konzentration. Schon ein paar Gläser sauberes Trinkwasser verbessern deine Stimmung, deine Emotionen, deine Wahrnehmung und deine allgemeine körperliche Gesundheit.

Hier sind zehn Gründe, warum du mehr Wasser trinken solltest:

1. Es verbessert die Gesundheit des Gehirns, die Kognition und das Gedächtnis

2. Es fördert eine reibungslose Verdauung, die die Darmgesundheit verbessert

3. Es erhöht die Sauerstoffzirkulation im Gehirn, was die allgemeine Energie verbessert.

4. Es hält den Magen voll, was zu einem Sättigungsgefühl führt, das wiederum hilft, Heißhungerattacken zu unterdrücken, wodurch du dein Körpergewicht kontrollieren kannst.

5. Der Knorpel in den menschlichen Gelenken besteht zu 80 % aus Wasser; daher schmierst du deine Gelenke, indem du dich mit Flüssigkeit versorgst.

6. Mehr Wasser trinken reguliert die allgemeine Körpertemperatur

7. Erhöhter Wasserkonsum verdünnt die Mineralien in den Harnwegen, was wiederum das Risiko der Nierensteinbildung verringert

8. Eine ausreichende Wasserzufuhr sorgt für ein Gleichgewicht an lebenswichtigen Mineralien wie Natrium, Kalium und anderen, die das Herz für eine optimale Funktion benötigt.

9. Eine verbesserte Wasseraufnahme stärkt die natürlichen Entgiftungssysteme des Körpers, die durch Stuhlgang, Atmung, Urinieren und Schwitzen schädliche Substanzen und Abfallstoffe aus dem Körper ausscheiden

10. Schon leichte Flüssigkeitsverluste können dazu führen, dass sich das Gehirn im Schädel

zusammenzieht, was zu Migräne und starken Kopfschmerzen führen kann. Daher sollte man mehr Wasser trinken, um Kopfschmerzen wirksam vorzubeugen und zu bekämpfen.

Aus all diesen Gründen ist es wichtig, dass du anfängst, mehr Wasser zu trinken. Idealerweise solltest du täglich etwa 8 bis 10 Gläser Wasser trinken.

Wie kannst du deine Wasseraufnahme erhöhen?

Die folgenden kleinen Angewohnheiten werden dir helfen, hydratisiert zu bleiben:

Schaffe eine Hydratationsmentalität

Beginne damit, eine Hydratationsmentalität zu entwickeln. "Was ist das?", könntest du dich fragen. Ähnlich wie bei einer Wachstumsmentalität, bei der du dich darauf konzentrierst, dich weiterzuentwickeln und dein Potenzial nicht zu beschränken, konzentriert sich eine Hydratationsmentalität darauf, dass du den ganzen Tag über gut hydriert bist.

Der erste Schritt, um ein Ziel zu erreichen, besteht darin, die richtige Einstellung zu entwickeln. In diesem Fall musst du den Entschluss fassen, mehr Wasser zu trinken. Das Setzen einer Absicht alarmiert dein Unterbewusstsein und bringt es dazu, diese Anregung anzunehmen.

Sobald dein Unterbewusstsein etwas akzeptiert hat, nimmt es dies in dein Glaubenssystem auf. Sobald etwas zu einem Teil deines Glaubenssystems wird, beeinflusst es deine Gedanken, Handlungen und dein Verhalten.

Daher erinnert dich der Aufbau einer Hydratationsmentalität an deine Absicht, mehr Wasser zu trinken. Im Folgenden erfährst du, wie du diese Einstellung aufbauen und die Gewohnheit entwickeln kannst, diese Absicht zu praktizieren.

- Nimm dein Tagebuch zur Hand und überlege, wie viel Wasser du idealerweise trinken möchtest.

- Nimm dir vor, deinen Wasserverbrauch auf der Grundlage dieser Wassermenge zu verbessern.

- Deine Absicht sollte gegenwartsorientiert sein, was bedeutet, dass du dich im gegenwärtigen Moment bemühst, mehr Wasser zu trinken. Anstatt zu sagen/schreiben: "Ich werde mehr Wasser trinken", schreibe: "Ich trinke mehr Wasser".

- Füge diesem Vorsatz mehr Spezifität hinzu, d. h. du musst die Wassermenge beschreiben, die du täglich verbrauchen wirst. Du kannst es in Gläsern, Litern oder Gallonen angeben - was auch immer funktioniert. Wenn du zum Beispiel zehn Gläser Wasser trinken willst, schreibe: "Ich trinke täglich zehn Gläser Wasser".

- Gegenwartsorientierte und spezifische Suggestionen bringen deinen Verstand dazu, zu akzeptieren, dass das, was du sagst, die Realität ist.

Da das Unterbewusstsein nicht zwischen Realität und Vorstellung unterscheiden kann, nimmt es alles an, was du ihm vorsetzt. Wenn du sagst und schreibst, dass du täglich eine bestimmte Menge Wasser trinkst, wird dein Unterbewusstsein das glauben.

- Schreibe die Suggestion auf und rezitiere sie zehnmal, um sie in deinem Unterbewusstsein zu verankern.

- Lies diesen Vorsatz etwa zehnmal am Tag und beende den Tag mit demselben Gedanken.

Bald wirst du diesen Vorschlag auf Autopilot rezitieren und anfangen, danach zu handeln.

Stets eine Wasserflasche bei sich tragen

Du schaust ständig auf dein Handy, weil du es immer bei dir hast. Wenn du eine Wasserflasche bei dir hast, wirst du wahrscheinlich auch mehr Wasser trinken. Mach es dir zur Gewohnheit, morgens eine Wasserflasche zu füllen und sie immer in deiner Tasche zu haben. Du kannst sie in deiner Handtasche, Laptoptasche oder Aktentasche aufbewahren.

Um sicherzustellen, dass du die Flasche nicht vergisst, verwende Erinnerungshilfen, Alarme und Haftnotizen. Du kannst die Wasserflasche auch nachts füllen und sie auf dem Esstisch oder neben der Bürotasche aufbewahren, damit du nicht vergisst, sie überall mitzunehmen.

Bewahre Wasser in deinem Büro auf

Trage nicht nur den ganzen Tag über eine Wasserflasche bei dir, sondern bewahre auch Wasser in deinem Büro, Arbeitszimmer, Schlafzimmer und Auto auf. Es kann vorkommen, dass du deine Wasserflasche vergisst. In solchen Fällen sorgt die Ersatzflasche in deinem Büro, in deinem Auto und an anderen Orten dafür, dass du ausreichend Flüssigkeit zu dir nimmst. Diese Strategie hilft dir auch, ausreichend Wasser zu trinken, wenn deine Flasche leer ist.

Stündlich 2 Gläser Wasser trinken

Trinke alle zwei bis drei Stunden etwa zwei Gläser Wasser. Wenn du lange Zeit ohne Wasser auskommst, kann es dir schwer fallen, zwei Gläser auf einmal zu trinken. Trinke in diesem Fall jede Stunde ein halbes Glas und steigere die Menge langsam auf ein ganzes Glas. Sobald es dir leicht fällt, jede Stunde ein großes Glas Wasser zu trinken, kannst du dich allmählich an zwei Gläser pro Stunde herantasten.

Wenn dir Wasser zu fade erscheint, kannst du aromatisiertes Wasser trinken oder frische Säfte und Smoothies in deinen Speiseplan aufnehmen.

Trinke Wasser vor und nach den Mahlzeiten

Eine weitere kleine Angewohnheit, die du dir angewöhnen solltest, ist das Trinken von Wasser vor und nach den Mahlzeiten. Mindestens ein volles Glas Wasser eine halbe Stunde vor der Mahlzeit fördert die Verdauung und hält dich hydratisiert. Trinke außerdem etwa 20 bis 30 Minuten nach der Mahlzeit ein paar Schlucke Wasser.

Das Trinken von Wasser nach einer Mahlzeit hilft dem Körper, die Nährstoffe der verzehrten Mahlzeit aufzunehmen. Übertreibe es jedoch nicht mit dem Trinken von Wasser nach einer Mahlzeit, da es die Verdauungssäfte verdünnen und so den reibungslosen Verdauungsprozess behindern kann.

Beginne und beende deinen Tag mit Wasser

Trinke nach dem Aufwachen ein Glas Wasser, bevor du das Badezimmer betrittst. Beende deinen Tag ebenfalls mit ein paar Schlucken Wasser. Vermeide es, nachts ein ganzes Glas Wasser zu trinken, denn zu viel Flüssigkeit führt zu häufigem Wasserlassen und stört deinen Schlaf.

Arbeite zuerst an einer dieser Gewohnheiten und füge langsam weitere Übungen zu deiner Routine hinzu.

Um gute Gewohnheiten für das Leben zu entwickeln, empfehlen wir eine Leistungsstrategie.

Leistungsstrategie für Habit-Stacking

Es ist gut, die verschiedenen Gewohnheiten, die du bisher gelernt hast, miteinander zu verknüpfen. Wenn du eine Gewohnheit auf eine andere stapelst, entsteht eine Reihe von Mustern, von denen jedes als Hinweis für die nächste Gewohnheit dient. Wenn du beispielsweise vor dem Schlafengehen meditierst und nach der Meditation einen Schluck Wasser trinkst, erinnert dich das Ende der Meditationssitzung daran, Wasser zu trinken, was dich wiederum daran erinnert, ins Bett zu gehen.

Hier findest du eine Reihe von Leistungsstrategien für die in diesem Teil des Buches behandelten Selbstfürsorgegewohnheiten.

1. Beginne deinen Tag mit einem Glas Wasser.

2. Iss ein nahrhaftes Frühstück.

3. Pack dir einen oder zwei gesunde Snacks für die Arbeit ein, zusammen mit einer Flasche Wasser.

4. Trink den ganzen Tag über Wasser.

5. Geh wann immer möglich zu Fuß.

6. Geh zur geplanten Zeit joggen, spazieren oder trainieren.

7. Trink Wasser oder einen frischen Saft.

8. Iss gesund zu Abend.

9. Trink noch etwas Wasser.

10. Mach einen kleinen Spaziergang.

11. Geh 15 Minuten früher ins Bett.

12. Überprüfe die Umgebung deines Schlafzimmers und stell sicher, dass sie gesund ist.

13. Meditiere 5 Minuten lang.

14. Nimm einen Schluck Wasser.

15. Geh ins Bett.

Es steht dir frei, diese Strategie und die Reihenfolge entsprechend deiner Persönlichkeit, deinen Bedürfnissen und Interessen zu ändern.

Wenn du an den verschiedenen Gewohnheiten arbeitest, die in diesem Buch besprochen werden, solltest du außerdem die folgenden Beobachtungen machen und aufschreiben:

Dauer: Achte darauf, wie lange du die jeweilige Gewohnheit praktizierst. Wenn du meditierst und die Idee ist, 15 Minuten zu meditieren, messe jedes Mal die Zeit, wenn du meditierst. Wenn du in der ersten Woche 1 Minute lang meditierst, notiere das. Wenn du dich langsam zu einer Meditationsdauer von eineinhalb Minuten steigerst, notiere das. Auf diese Weise kannst du deine Leistung verfolgen und sicherstellen, dass du sie allmählich auf die gewünschte Dauer ausdehnst.

Beste Zeit: Probiere eine bestimmte Übung zu verschiedenen Tageszeiten aus, um zu sehen, wann du die besten Ergebnisse erzielst. Um beim Beispiel der Meditation zu bleiben: Du kannst es morgens, mittags, nachmittags, abends und nachts versuchen.

Übe zu jeder Tageszeit zu unterschiedlichen Zeiten. Vielleicht stellst du fest, dass du nachts zu müde bist, um dich auf die Meditation zu konzentrieren, und es am Nachmittag besser machst. Diese Beobachtung hilft dir, die am besten geeignete Zeit für alle deine Gewohnheiten zu finden, wodurch du die besten Ergebnisse erzielen kannst.

Wichtige Einsichten: Achte darauf, wie du eine bestimmte Übung ausführst. Beobachte, wie du dich auf eine bestimmte Übung einlässt und wie sie deine Stimmung, dein Verhalten und deine tägliche Leistung bei anderen Aufgaben beeinflusst.

Vielleicht empfindest du es als störend, im Freien zu meditieren, und meditierst besser in deinem Zimmer. Wenn du zwei Gläser Wasser trinkst, bist du vielleicht zu voll, um deine Mahlzeit richtig zu genießen.

Wie man sie ausführt: Nachdem du dich selbst bei der Durchführung verschiedener Praktiken, die du zu lebenslangen Gewohnheiten machen willst, analysiert hast, wirst du besser verstehen, wie du sie am besten durchführst. Dann kannst du dich für die am besten geeignete Vorgehensweise entscheiden.

Mit einem gesunden Körper kann man sich auch besser um seinen Geist kümmern. Außerdem musst du dir bestimmte Gewohnheiten aneignen, um **dich wohlzufühlen und besser zu denken.** Genau darum geht es im nächsten Teil des Buches.

Teil 3:
Wohlbefinden und
Denkgewohnheiten

"Mach dir eine tägliche Routine ... Arbeit ist ein Prozess, kein Produkt. Erfolg kommt von dem Wort "erfolgreich": Lateinisch: 'emporsteigen'. Man muss in Bewegung bleiben."

- Nicoletta Baumeister

Kapitel 10: Wellness und Denken für ein besseres Leben

"Dein Nettowert für die Welt wird gewöhnlich durch das bestimmt, was übrig bleibt, nachdem deine schlechten Gewohnheiten von deinen guten abgezogen wurden." **- Benjamin Franklin**

Gute Gewohnheiten fördern oft das Wohlbefinden im Leben. Alles, was wir tun und sagen, unsere kleinen Handlungen und Gedanken, hängen mit den Gewohnheiten zusammen, die wir im Laufe der Zeit entwickelt haben. Unsere sich wiederholenden Verhaltensweisen haben dazu geführt, dass Handlungen zu unseren Gewohnheiten und später zu unserem Lebensstil wurden.

Die Arbeit an deinem Wohlbefinden und deinem Denkprozess ist der Schlüssel zu einem gesunden und erfolgreichen Leben. Hier ist eine Analogie, die dir helfen wird, die Bedeutung dieses Themas zu verstehen:

Um schöne Pflanzen und Blumen zu züchten, musst du sie mit der richtigen Menge an Sonnenlicht, ausreichend Wasser und fruchtbarem Boden versorgen und sie gut pflegen. Wenn du das nicht richtig machst, wirst du keine schönen Blumen bekommen. Ebenso musst du dich auf dein Wohlbefinden und deine Denkgewohnheiten konzentrieren, um körperlich fit, geistig stark und von innen heraus glücklich zu sein.

Wenn du Schwierigkeiten hast, klar zu denken, wenn du einen verwirrten Geisteszustand hast und dein emotionales Wohlbefinden verbessern willst, wird sich dieser Teil des Buches als ungemein hilfreich erweisen.

Wie sich Wohlbefinden und Denkgewohnheiten auf uns auswirken

Ein erheblicher Teil der Negativität in unserem Leben kommt von unseren toxischen Gewohnheiten. Wir wollen uns auf unser Wohlbefinden konzentrieren, aber die Gewohnheiten, die wir uns im Laufe der Zeit angewöhnt haben, führen nicht zu diesen Ergebnissen.

Wellness konzentriert sich auf unser Wohlbefinden und den Aufbau gesunder Gewohnheiten, die uns helfen, körperlich und geistig fit zu werden. So kannst du in deinem Leben aufblühen.

Auch das tiefe Denken spielt in dieser Gleichung eine wichtige Rolle. Wenn du aufrichtig und rational denkst, wirst du dich deiner selbst und deines Lebens besser bewusst. Mit diesen Informationen verstehst du, was du verbessern musst, und beginnst mit dem Aufbau von Gewohnheiten, die dem Wohlbefinden förderlich sind.

Lass uns über die Gewohnheiten sprechen, an denen du arbeiten musst, um Wohlbefinden und tiefes Denken zu fördern.

Der Frühaufsteher

Eine der produktivsten Gewohnheiten, um sich gesund zu halten, ist das frühe Aufstehen am Morgen. "Der frühe Vogel fängt den Wurm" ist ein altes Sprichwort, das uns an die Vorteile des frühen Aufstehens erinnert.

Im Folgenden findest du die Schritte, die du unternehmen kannst, um dir das frühe Aufstehen zur Gewohnheit zu machen:

Erlaube dir, früher zu schlafen.

"Früh zu Bett und früh aufstehen macht gesund, reich und klug."

Die meisten von uns haben dieses Sprichwort ihr ganzes Leben lang gehört, vom Kindergarten bis zur Hochschule und darüber hinaus. Frühes Schlafen gibt deinem Körper und Geist genügend Zeit, sich für den nächsten Tag zu erholen.

Man kann nicht effizient und produktiv arbeiten, wenn man müde ist. Wenn du um 22 Uhr schlafen gehst und um 6 Uhr morgens aufstehst, hast du mindestens 8 Stunden guten Schlaf für den kommenden Tag. Du wirst aktiv, frisch und energiegeladen sein, bevor deine tägliche Arbeit (und Hausarbeit) beginnt.

Stell deinen Wecker weit weg von deinem Bett

Wenn der Wecker auf dem Bett/Nachttisch steht, ist es relativ einfach, ihn auszuschalten oder die Schlummertaste zu drücken, sobald er zu klingeln beginnt, auch wenn dies unbewusst geschieht. Dies führt dazu, dass man zu spät aufwacht, zu spät zur Arbeit oder zur Schule kommt und einen schlechten Start in den Tag hat.

Wenn du den Wecker hingegen weit vom Bett entfernt aufstellst, wirst du richtig wach, weil du aufstehen musst, um den Wecker auszuschalten. Wenn du aus dem Bett aufstehst, dich streckst und dich auf das Ziel konzentrierst (den Wecker auszuschalten), wird dein Geist erfrischt und du arbeitest an der Aufgabe.

Verlasse das Schlafzimmer, sobald du den Wecker ausgeschaltet hast.

Sobald du den Wecker ausgeschaltet hast, gehst du zur Tür. Wenn du zurückgehst, um dich auf das Bett zu setzen oder zu legen, ist die Versuchung groß, ein kleines Schläfchen zu machen. Sobald du das Zimmer verlassen hast, geh ins Bad, um dich frisch zu machen. Trinke ein Glas zimmerwarmes Wasser, um deinen Stoffwechsel in Schwung zu bringen.

Frühes Aufstehen als Belohnung

Wenn du um 6 Uhr morgens aufstehst, hast du noch über 3 Stunden Zeit, bevor du zur Arbeit oder zur Uni musst. Nutze diese Zeit zu deinem Vorteil. Trinke ein Glas Orangensaft und gönne dir dein Lieblingsfrühstück. Belohne dich für das frühe Aufstehen und motiviere dich, es morgen genauso zu machen.

Nutze all diese zusätzliche Zeit

Wenn du morgens früh aufstehst, hast du ausreichend Zeit, all die zusätzlichen Aufgaben zu erledigen, die du aufgrund deines vollen Terminkalenders nicht erledigen konntest. Informiere dich in den sozialen Medien, schau die verpasste Folge von gestern an und analysiere die aktuellen Modetrends weltweit. Nimm eine kühle Dusche und kläre deine Gedanken. Plane deinen Tag und arbeite jeden Schritt im Voraus aus.

Die Gewohnheit, sich mit der Natur zu verbinden

Jetzt, wo du dich frisch gemacht und ein kühles Glas Wasser getrunken hast, hast du noch genügend Zeit, bevor du dich mit deiner täglichen Routine beschäftigst. Lass uns einen Spaziergang machen, ja?

Mach einen Spaziergang in den Wald: Genieße einen angenehmen Spaziergang oder ein Jogging. Starte deinen Tag produktiv, indem du alle Muskeln trainierst und das Blut in Wallung bringst. Dehne deinen Körper und löse die aufgestaute Spannung, indem du die Schönheit der Natur erkundest.

Atme frische Luft ein: Die reinste Luft findet man am frühen Morgen, in Parks und in der Nähe von Wäldern. Saubere Luft erfrischt den Körper und den Geist. Tiefe Atemübungen lassen das Gehirn effizienter arbeiten.

Lausche dem Gesang der Vögel: In den frühen Morgenstunden kannst du einen Spaziergang im Freien genießen, während die Vögel ihre Lieder singen. Es ist immer wieder schön zu hören, wie sie in einem perfekten Rhythmus beginnen; wenn sie dann aufhören, hoffen wir immer auf mehr.

Kapitel 11: Die Meditationsgewohnheit

Viele von uns haben die Angewohnheit, an mehrere Dinge gleichzeitig zu denken; ein Phänomen, das als Affenzustand bezeichnet wird und unsere Gewohnheit beschreibt, von einem Gedankenzweig zum anderen zu springen, ähnlich wie ein Affe ständig von einem Ast zum anderen springt.

Wenn du mehrere Gedanken in einer Schleife hast, fällt es dir schwer, dich nur auf eine Sache zu konzentrieren. Oft beziehen sich diese Gedanken auf deine Vergangenheit oder die Zukunft. Entweder bist du gestresst wegen etwas, das vor einigen Tagen oder vielen Jahren passiert ist, oder du machst dir Sorgen um die Zukunft. In jedem Fall lebst du nicht im gegenwärtigen Augenblick.

Das Einzige, was in deinem Leben sicher ist, ist der gegenwärtige Augenblick. Nichts anderes ist sicher. Leider versäumen es so viele, das Geschenk der Gegenwart anzunehmen, weshalb wir uns so frustriert, verzweifelt und unfähig fühlen, klar zu denken. Unser Wohlbefinden und unsere Fähigkeit, positiv zu denken, hängen weitgehend von unserer Fähigkeit ab, in der Gegenwart zu leben.

Du kannst diese Fähigkeit auf viele Arten fördern, aber Meditation ist eine der besten Möglichkeiten. Vorhin haben wir die Meditation kurz beschrieben. In diesem Kapitel wollen wir sie ausführlicher behandeln.

Die Kraft der Meditation

Die Meditation bringt eine ganze Menge Gutes hervor. Erstens, und das ist am wichtigsten, vermittelt sie ein Gefühl der Achtsamkeit.

"Was ist Achtsamkeit", wirst du dich fragen?

Ich habe bereits erwähnt, dass wir oft in Gedanken abschweifen und Dinge tun, ohne uns auf den gegenwärtigen Moment zu konzentrieren. Vielleicht hast du bemerkt, dass du gerade eine E-Mail liest oder Kaffee kochst, dir aber über etwas anderes Gedanken machst. Vielleicht steht eine wichtige Besprechung an, die sich einschüchternd anfühlt, oder du machst dir Gedanken darüber, wie du diesen Monat die Rechnungen bezahlen sollst, oder es gibt eine Unmenge anderer Sorgen.

Während wir uns so verhalten, neigen wir auch dazu, die Erfahrungen, die wir im gegenwärtigen Moment machen, übermäßig kritisch und wertend zu betrachten. Vielleicht möchtest du versuchen, einen Song aufzunehmen, aber du bist weiterhin skeptisch, weil du an dir selbst zweifelst oder Angst davor hast, wie deine Familie es aufnehmen wird. Du möchtest vielleicht mit einer neuen Kollegin sprechen, aber du verurteilst auch sie, weil du böse Gerüchte über sie gehört hast.

Wir stützen unsere Meinung über verschiedene Lebenserfahrungen und Momente auf unsere vorgefassten Meinungen und Ängste. Selbst wenn wir unser Leben voll und ganz erfahren wollen, tun wir das nicht, weil wir nicht achtsam in der Gegenwart leben.

Bei der Achtsamkeit geht es darum, die Gegenwart mit allem, was sie hat, anzunehmen und ein Gefühl der Akzeptanz zu bewahren, während sie sich entfaltet. Wenn du Saft auf der Küchentheke verschüttest, siehst du das nicht als Zeichen von Dummheit. Stattdessen räumst du es auf und lernst, beim nächsten Mal vorsichtiger zu sein.

Wenn du versuchen möchtest, deinen YouTube-Kanal zu starten, dann lass dich auf die Idee ein, denn sie ist aufregend. Du lebst in diesem Moment und lernst daraus, ohne zu urteilen.

Außerdem verleiht Achtsamkeit dir die Flügel, um über vergangene und zukünftige Sorgen hinaus zu fliegen. Was geschehen ist, ist vergangen; was noch kommen wird, ist ungewiss. Du lebst in der Gegenwart und solltest dich mit Klarheit und Hingabe auf diese konzentrieren.

Sobald du damit anfängst, fühlst du dich friedlicher, glücklicher, selbstbewusster, konzentrierter und wirst auch produktiver. Anstatt über verschüttete Milch zu weinen, nimmst du eine lernende Haltung ein. Du strebst nach Wachstum, weil du weißt, dass Fehler passieren und du es besser machen kannst, wenn du weitermachst.

Durch Achtsamkeit kannst du allmählich die Knoten der Verwirrung in deinem Kopf lösen, die tiefen Schichten von Zweifeln und Ängsten langsam entwirren und deine Unsicherheiten hinter dir lassen.

Wenn du beginnst, mehr im Hier und Jetzt, in der Gegenwart, zu leben, beginnst du auch, klar und rational zu denken. Klarheit im Denken ermöglicht es dir, dich selbst besser zu erforschen und zu verstehen. Mit zunehmender Selbsterkenntnis fängst du an, dich selbst besser zu akzeptieren und zu mögen und bekommst den Mut, dich selbst zu verbessern und zu wachsen.

So kannst du dich besser darauf konzentrieren, die richtigen Gewohnheiten zu entwickeln, die zu Erfolg und Wohlstand führen. Achtsamkeit ist also einer der Schlüssel zu einem guten Leben.

Lass uns damit beginnen, wie du deine Meditationsgewohnheit aufbauen kannst.

Wie man sich die Meditation zur Gewohnheit macht

Mithilfe einiger kleiner Gewohnheiten wirst du auf dem Weg sein, wie ein Profi zu meditieren. Glaube mir, es ist viel einfacher, als du denkst. Baue einfach die Absicht zu meditieren auf, so wie du die Einstellung zur Flüssigkeitszufuhr aufgebaut hast. Dieses Mal entwickelst du die Meditationseinstellung, indem du einen kraftvollen Vorschlag machst, wie du täglich meditieren und es genießen kannst. Wenn du es regelmäßig praktizierst, wirst du bald den inneren Drang verspüren, zu meditieren.

Nachdem du dir vorgenommen hast, achtsamer zu sein und mit Freude zu meditieren, sind hier die Mikrogewohnheiten, auf die du deine Energie richten musst, um diese Gewohnheit zu entwickeln.

Dein Telefon in den Flugmodus schalten

Schalte dein Telefon in den Flugmodus, bevor du abends zu Bett gehst. Wenn du dein Telefon in den Flugmodus schaltest, erhältst du keine Benachrichtigungen mehr. Ohne Unterbrechungen kannst du dich schnell auf klare Gedanken konzentrieren und bequem an deiner Meditationspraxis teilnehmen.

Gleich nach dem Aufwachen beginnen

Es ist leicht zu sagen, dass du jeden Tag meditieren wirst, aber es zu sagen, reicht nicht aus. Wir vergessen oft, die Dinge zu tun, die wir sagen, dass wir sie tun werden. Anstatt nur zu sagen, solltest du etwas tun, was du tun willst. Fang an zu meditieren, indem du dich direkt nach dem Aufwachen an die Meditation erinnern lässt.

Nachdem du nach dem Aufwachen ein Glas Wasser getrunken und dich ein wenig frisch gemacht hast, setze dich zum Meditieren hin. Klebe einen Zettel mit der Aufschrift "Lass uns meditieren" an deinen Badezimmerspiegel, dein Nachtkästchen oder einen anderen auffälligen Ort und atme ein paar Mal tief durch.

Meditiere im Sitzen, Stehen oder sogar im Liegen. Wenn es um Meditation geht, gibt es keine feste und schnelle Regel, wie man sie ausführt. Die Körperhaltung und der Ort sind nicht so wichtig; es kommt darauf an, wie konsequent du bist und wie konzentriert du während der Praxis bleibst.

Mit nur 2 Minuten beginnen

Meditation erfordert Selbstbeherrschung und Konzentration. Das Gefühl überwältigt einen, wenn man daran denkt, etwas für längere Zeit zu tun. Da wir so sehr daran gewöhnt sind, Multitasking zu betreiben und an eine Vielzahl von Dingen gleichzeitig zu denken, fällt es uns natürlich nicht leicht, 15 bis 20 Minuten am Stück aufmerksam zu sein.

Viele Meditationsanfänger machen den Fehler, anfangs lange zu meditieren. Wenn sie ständig damit kämpfen, ihre Konzentration aufrechtzuerhalten, fühlen sie sich aufgeregt, aufgewühlt und verwirrt. Sie fragen sich dann: "Meditation sollte friedlich sein. Warum fühlt sie sich dann lästig an?" Das ist eine häufige Sorge für viele Anfänger.

Die Unfähigkeit, sich gut zu konzentrieren, ist nicht die Schuld der Meditation. Das Problem kommt von einer falschen Herangehensweise an die Meditation. Nimm den "2-Minuten"-Ansatz an, um alle komplexen Aufgaben zu bewältigen, auch die neuen.

Der Ansatz besagt, dass du nur 2 Minuten lang an einer Tätigkeit arbeiten musst. 2 Minuten sind nicht viel, und du stimmst bereitwillig zu, die Übung zu machen, und wenn du sie einmal gemacht hast, schreckt sie dich nicht mehr. Bald fängst du an, sie oft zu machen, und so entsteht eine Gewohnheit.

Setze dich ebenfalls 1 bis 2 Minuten lang zur Meditation hin. Bleibe etwa ein bis zwei Wochen dabei. Wenn es gut läuft, kannst du allmählich zu längeren Zeiträumen übergehen. Dann kannst du dazu übergehen, am Morgen 5 bis 15 Minuten zu meditieren. Fang immer klein an, und steigere dich von da an.

Vor dem Meditieren dehnen

Bevor Sie mit Ihrer Morgenmeditation beginnen, ist es wichtig, sich durch Dehnen in einen entspannten, flexiblen Zustand zu versetzen:

- Steh gerade, die Füße hüftbreit auseinander, und halte diese Haltung einige Sekunden lang.

- Führe die Arme über den Kopf, senke sie langsam ab und gehe so tief wie möglich.

- Hebe den rechten Arm und ziehe ihn mit dem linken Arm nach hinten. Übe dasselbe mit dem linken Arm.

- Beuge nacheinander beide Beine ein wenig.

- Nach einer leichten Dehnung von etwa 5 Minuten kannst du zu deiner Meditationspraxis übergehen.

Drinnen oder draußen meditieren

Wenn du nicht aufstehen möchtest, bleib unter der Bettdecke und meditiere im Bett liegend. Konzentriere dich einfach auf deinen Atem, einen Gegenstand oder das Sonnenlicht im Raum.

Wenn du im Freien meditieren möchtest, setze dich auf die Terrasse oder in den Garten und meditiere, während du ein natürliches Objekt, deinen Atem oder einfach das Gefühl der morgendlichen Ruhe beobachtest.

Deine Gefühle notieren

Nach der Meditation, und sei es nur für eine Minute, lass dich auf deine Gefühle ein und überlege, wie du dich nach einer beruhigenden Meditationssitzung fühlst. Selbst wenn du während der Sitzung in Gedanken abschweifst, solltest du diese Gefühle anerkennen. Durch Übung und Beständigkeit wirst du dich allmählich gelassener und ruhiger fühlen, wenn du meditierst.

Notiere deine Gefühle in einem Tagebuch, einem Notizblock auf deinem Handy oder sprich sogar darüber und nimm dich selbst auf. Die Aufzeichnung deiner Gefühle nach der Meditation ist eine ausgezeichnete Strategie, um deine Leistung zu verfolgen und zu sehen, wie du dich in der Praxis kontinuierlich verbesserst.

Je besser du meditierst, desto klarer wird dein Verstand, und das ist ein hervorragender Zeitpunkt, um eine Gewohnheit des tiefen Denkens zu entwickeln.

Kapitel 12: Die Gewohnheit des tiefen Denkens

"Der Geist eines Menschen ist so mächtig. Allein mit Gedanken können wir Dinge erfinden, erschaffen, erleben und zerstören."
- Anonym

Ich habe dieses Zitat immer als sehr aussagekräftig empfunden. Es spiegelt die Macht der Gedanken wider. Deine Gedanken können dir helfen, Dinge zu schaffen oder zu zerstören, sogar dein Leben. Wenn etwas die Kraft hat, Dinge zu schaffen, warum sollte man sie dann kaputt machen, oder?

Um ein schönes Leben voller Freude zu gestalten, musst du deine Gedanken klären und die Gewohnheit entwickeln, tiefgründig und positiv zu denken.

Dieses Kapitel wird dir dabei helfen, genau das zu tun.

Warum die Gewohnheit des tiefen Denkens entwickeln?

Tiefes Denken ermöglicht es dir, tiefer in deine Gefühle einzudringen und den Dingen mehr Sinn zu geben. Du verstehst dich selbst, dein Leben und die vielen Probleme, in denen du steckst vielleicht nicht, weil du nur das siehst, was an der Oberfläche liegt.

Vielleicht fällt es dir schwer, ein gutes Zeitmanagement zu praktizieren, aber jedes Mal, wenn du eine neue Zeitmanagementstrategie ausprobierst, schaffst du es nicht, dich daran zu halten. Du verstehst den Grund für das Problem nicht, weil du der Sache nicht auf den Grund gehst.

Vielleicht hast du keine klare Richtung im Leben, was du als sehr störend empfindest. Wenn du über deine wirklichen Wünsche, Sehnsüchte, Interessen und Bestrebungen im Leben nachdenkst, kannst du die fehlenden Punkte verbinden und deine Bestimmung finden.

Tiefes Denken ermöglicht es dir, über Dinge nachzudenken, verschiedene Aspekte des Lebens zu klären und die verschiedenen Blickwinkel zu analysieren, die mit einer bestimmten Situation verbunden sind. Wenn du die Dinge aus einer besseren Perspektive betrachtest, kannst du sie besser verstehen und logische, fundierte Entscheidungen treffen.

Nun, da du weißt, warum du tief denken musst, lass uns über die kleinen Gewohnheiten sprechen, die dir helfen können, diese Gewohnheit mit der Zeit zu entwickeln.

Wie man die Gewohnheit entwickelt, tiefgründig zu denken

Die Fähigkeit, tiefgründig zu denken, ist keine einmalige Sache. Es ist eine Gewohnheit, die du mit der Zeit aufbauen musst, indem du an den folgenden kleineren Gewohnheiten arbeitest, die zu ihr führen.

Beginne damit, 5 Minuten mit sich selbst zu verbringen

Nimm dir täglich 5 Minuten Zeit für tiefes Denken, ohne zu urteilen. Diese Übung gibt dir Zeit, den Kopf freizubekommen, ungeordnete Gedanken loszulassen und über dringende Probleme und einfach über dich selbst nachzudenken.

Das musst du tun.

- Suche dir 5 Minuten zu einem beliebigen Zeitpunkt des Tages aus, wenn du frei bist. Wenn du keinen Zeitpunkt findest, an dem du auch nur 5 Minuten Zeit hast, nimm dir einfach 5 Minuten aus deiner Mittagspause oder 5 Minuten aus den 15 Minuten, in denen du früh zu Bett gehst.

- Stelle Alarme und Erinnerungen ein, um dich zu dieser Zeit mit tiefgründigen Gedanken zu beschäftigen.

- Wenn die Zeit zum Nachdenken naht, nimm dein Tagebuch und setze dich an einen ruhigen Ort. Suche dir eine Ecke in deinem Haus, wo du 5 Minuten lang niemanden störst. Wenn du kein ruhiges Plätzchen findest, setze dich notfalls in dein Badezimmer. Du kannst auch in einen Park gehen, dich in eine Bibliothek setzen oder einen ruhigen Platz in deinem Büro aufsuchen.

- Sobald du sitzt, atme einige Augenblicke lang tief durch.

- Nachdem du dich neu zentriert hast, denke über dich selbst nach.

- Beginne mit den Grundlagen dessen, wer du bist und wie du dich selbst definierst.

- Denke nur an dich selbst und an nichts anderes. Wer bist du? Was willst du? Warum bist du in diesem Leben?

- Nimm dir eine Frage nach der anderen vor und notiere alle Antworten, die dir einfallen, auch wenn sie keinen Sinn ergeben.

- Wenn du dich in diesen 5 Minuten nur auf einen Aspekt oder eine Frage konzentrieren willst, tu das, ohne andere Fragen zu vertiefen. Beim tiefgründigen Denken geht es darum, sich Zeit zu nehmen, nicht darum, seine Gedanken zu überstürzen.

Verpflichte dich, dich täglich mit dieser Praxis zu beschäftigen. Dadurch wirst du etwas Interessantes über dich selbst, deine Vorlieben, Leidenschaften, Interessen und das, was dich täglich bewegt, erfahren. Vielleicht warst du dir dieser Dinge bereits bewusst, hattest sie aber irgendwie aus den Augen verloren. Tiefes Denken ermöglicht es dir, dich wieder darauf zu besinnen, wer du bist, und dich tatsächlich selbst zu finden.

Wenn du einmal über dich selbst nachgedacht hast, solltest du dieses tiefe Denken noch verstärken und über Folgendes nachdenken:

- Was ist der Sinn meines Lebens?

- Was soll ich tun?

- Was löst bei mir Freude aus?

- Was erhöht den Wert meines Lebens?

- In welche Richtung gehe ich?

- Bin ich wirklich glücklich und zufrieden mit meinem Leben?

- Entwickle ich die richtigen Gewohnheiten?

Gehe über alle Fragen hinaus, die dir in den Sinn kommen, und analysiere sie vorurteilsfrei.

Hinterfrage grundlegende Annahmen

Deine nächste Aufgabe besteht darin, die grundlegenden Annahmen, die du hast, zu hinterfragen. Was auch immer du über irgendetwas im Leben glaubst, sei es dein Ziel, deine Interessen, die Erfahrungen, die du auf der Straße gemacht hast, oder etwas, das dich verwirrt, denke über all das nach.

Jedes Mal, wenn du über etwas nachdenkst, das du erkunden möchtest, denke an die folgenden Dinge:

- Was bedeutet das für mich?

- Was bedeutet das im Allgemeinen?

- Was halte ich davon?

- Woher kommen meine Gefühle dafür?

- Was sind die verschiedenen Aspekte davon?

- Sind die Dinge, die ich annehme, richtig, oder steckt mehr dahinter?

Sobald du beginnst, deine grundlegenden Annahmen zu hinterfragen, wirst du die mit einem Aspekt verbundenen Ebenen aufdecken. Deine nächste Aufgabe ist es, durch Logik zu denken.

Vernunft durch Logik

Logisches Denken bedeutet, dass du keine voreiligen Entscheidungen triffst, wenn du ein bestimmtes Gefühl zu einer Erfahrung hast. Stattdessen bewertest du die Situation und die Erfahrung auf der Grundlage logischer Überlegungen und versuchst, einen besseren Sinn darin zu sehen.

Nehmen wir das Beispiel der Gewohnheitsbildung.

Wenn du mit dem Rauchen aufhören willst, es aber bei jedem Versuch nicht schaffst, solltest du nicht einfach feststellen, dass du nicht aufhören kannst. Begründe die Situation stattdessen mit Logik.

Überlege, was du nicht richtig machst, was die Angewohnheit auslöst, ob du mit den Auslösern gut umgehst, wie du diese Auslöser am besten überwinden kannst, warum du dem Drang nachgibst, und ähnliche Faktoren, die mit der Angewohnheit zusammenhängen.

Es geht darum, in jeder Situation den Hut des Denkens aufzusetzen. Mit der Zeit lernst du, dich aus brenzligen Situationen zu befreien, Probleme zu lösen, bessere Entscheidungen zu treffen und Dinge zu tun, die du wirklich willst und die nicht auf vorübergehenden Launen beruhen.

Das Denken diversifizieren

Berücksichtige neue Blickwinkel und Perspektiven, wenn du über ein Problem oder eine Erfahrung nachdenkst.

- Was sagen die verschiedenen Denkschulen dazu?

- Wie viele verschiedene Denkansätze gibt es zu diesem Thema?

- Wie ist die kulturelle Sicht der Dinge?

- Gibt es eine wissenschaftliche Grundlage dafür?

- Welche Rolle spielen meine Gefühle?

- Wie wird sich die Situation ändern, wenn einige Faktoren wegfallen oder hinzukommen?

Ein differenziertes Denken hilft dir, eine Situation aus mehreren Blickwinkeln zu betrachten. Außerdem erhältst du dadurch mehr Informationen, um kritisch zu denken und deine Entscheidung zu treffen.

Darüber hinaus wirst du mit neuen Informationen konfrontiert und lernst neue Perspektiven auf eine Situation kennen. Du begreifst eine Situation analytisch und wirst dir deines Denkprozesses besser bewusst. Außerdem erhältst du vielleicht neue und spannende Einblicke in dich selbst.

Achte auf deine mentalen Prozesse

Mentale Prozesse sind die verschiedenen Dinge, die der menschliche Geist tun kann; wenn man sich ihrer bewusst ist, kann man analytisch und kritisch denken. Zu den kognitiven Standardprozessen gehören in der Regel Gedächtnis, Wahrnehmung, Argumentation, Denken, Emotionen und Vorstellungskraft.

Es ist von entscheidender Bedeutung, dass du dir deiner mentalen Prozesse bewusst bist, denn das hilft dir, die folgenden Dinge über deinen Denkprozess zu verstehen:

- Wie du denkst

- Die Gefühle, die du empfindest, und wie sie dein Denken und deine Entscheidungen beeinflussen

- Wie du verschiedene Dinge wahrnimmst

- Wie du in einer chaotischen Situation mit dir selbst ins Reine kommst

- Wie stark oder schwach deine Vorstellungskraft ist

- Ob du eine Situation unter Druck logisch analysieren kannst oder nicht

- Wie stark oder schwach dein Gedächtnis ist und welche Art von Erinnerungen in verschiedenen Situationen auftauchen

Der menschliche Geist ist immer aktiv, auch wenn wir schlafen. Das bedeutet, dass unsere mentalen Prozesse immer unser Verhalten, unsere Einstellung und unsere Entscheidungen beeinflussen, weshalb es sehr wichtig ist, sie zu verstehen.

Wenn du viel Zeit damit verbringst, über dich selbst nachzudenken, nimm dir auch Zeit, deine mentalen Prozesse genau zu betrachten.

Versuche, die Dinge umzukehren

Wenn die Dinge aus dem Ruder laufen, schalten wir oft in den Panikmodus. Die Dinge scheinen völlig aus dem Ruder zu laufen, und unser Verstand beginnt hektisch zu denken. Wenn man sich in einer solchen Situation befindet, ist der Glaube in die entgegengesetzte Richtung eine ausgezeichnete Möglichkeit, die Dinge umzukehren.

Bewerte die vorhandenen Beweise

Viele von uns haben die Angewohnheit, Schlussfolgerungen zu ziehen, ohne die vorhandenen Beweise zu berücksichtigen.

Du denkst vielleicht, dass du wertlos bist, ohne all deine Leistungen in der Vergangenheit zu berücksichtigen.

Es kann sein, dass du aufgrund einiger Verluste beschließt, dich nie wieder in ein Geschäft zu wagen, und dabei vergisst, dass der Verlust auf deine Nachlässigkeit zurückzuführen ist und dass du zuvor bei sorgfältigem Handeln gute Ergebnisse erzielt hast.

Du darfst deiner lebenslangen Leidenschaft für die Musik nicht nachgehen, nur weil einige Leute denken, dass du darin erbärmlich bist, während du all die schönen Melodien vergisst, die du geschaffen hast und die viele Menschen geliebt haben.

Unser Urteilsvermögen wird verzerrt, wenn wir uns schlecht fühlen, einen Rückschlag erleben oder unerwünschte Ergebnisse erzielen. Wir orientieren uns an der negativen Seite der Dinge und ignorieren all das Positive, das uns begegnet ist. Bald fixieren wir uns nur noch auf die schlechten Dinge im Leben; bevor wir es merken, fühlen wir uns von Stress überwältigt.

Eine ausgezeichnete Möglichkeit, diesen Wahnsinn zu überwinden, ist die Auswertung der Beweise in dem Moment, in dem etwas schief geht. Die Analyse der Beweise im Zusammenhang mit einer Situation, insbesondere einem Rückschlag, hilft dir, alles, was passiert ist, zu erklären. Anstatt dein Urteil auf bloße Annahmen zu stützen, nutze die Beweise, um eine

Situation zu bewerten und einen Weg zu finden, dein Bestes zu geben.

Um diese Gewohnheit zu kultivieren, musst du Folgendes tun:

- Atme ein paar Mal tief durch, um dich wieder zu zentrieren, wenn die Dinge eine unerwünschte Wendung nehmen.

- Wenn du dich ruhiger fühlst, sage dir: "Es wird schon gut gehen. Ich habe das im Griff." Diese beruhigende Suggestion hilft dir, positiv zu denken und bereitet dich darauf vor, nach Beweisen für ein Argument zu suchen oder eine Situation pragmatisch zu analysieren.

- Als Nächstes frage dich: "Habe ich Beweise, um dieses Argument zu stützen?" Wenn du zum Beispiel dein Unternehmen schließen willst, überlege, warum du das tun solltest. Schreibe alle Antworten auf, die du erhältst.

- Nachdem du Antworten erhalten hast, solltest du dich nicht auf eine Entscheidung festlegen, bevor du die andere Seite der Dinge analysiert hast. Denke bei der Schließung deines Unternehmens an die Erfolge, die du vorzuweisen hast. Du kannst dich fragen: "Habe ich einige profitable Meilensteine erreicht?" Notiere dir die ehrlichen Antworten, die du erhältst.

- Sobald du einige Antworten erhalten hast, überlege, wie du diese Ziele erfolgreich erreicht hast. Was hast du damals richtig gemacht? Notiere dir noch einmal alle deine Erkenntnisse.

- Analysiere auf dieselbe Weise jede Situation, jedes Gefühl und jede Emotion. Wenn du dich inkompetent fühlst, frage dich, warum du dich so fühlst, und kontere, indem du an deine guten Eigenschaften denkst. Denke an die Komplimente, die dir andere im Laufe der Jahre gemacht haben, und nutze sie, um mit deinem inneren Kritiker zu diskutieren.

- Nachdem du mehrere Seiten eines Themas anhand von Beweisen bewertet hast, kannst du die verschiedenen Seiten abwägen und eine Schlussfolgerung ziehen.

- Denke daran, in dieser Situation so unvoreingenommen wie möglich zu sein, damit du eine objektive und tragfähige Entscheidung treffen kannst.

- Hol dir, wenn möglich, die Hilfe eines vertrauenswürdigen Freundes, der dir helfen kann, logisch zu denken und konkrete Beweise vorzulegen.

Die Selbsteinschätzung sollte eine ständige Übung sein, wann immer du mit einer Situation konfrontiert wirst, in der du logisch und objektiv denken musst.

Probiere es ein paar Mal aus, setze dir Erinnerungen, und schon bald wirst du in den Autopilot-Modus wechseln.

Denke selbständig

Während du damit beschäftigt bist, Dinge zu bewerten und zu beurteilen, kannst du dazu neigen, dich von dir selbst abzulenken. Du könntest zu sehr damit beschäftigt sein, wie du dich in einer bestimmten Situation am besten verhalten oder was die Dinge für dich bedeuten könnten, anstatt an dich selbst zu denken. In solchen Situationen ist es am besten, wenn du alles andere zurückstellst und dich nur auf deine Bedürfnisse konzentrierst.

Denke daran, dass du der Energielieferant in deinem Leben bist. Dein Leben dreht sich um dich, und du bist derjenige, der es auf eine bestimmte Weise gestaltet. Wenn du nicht wärst, wäre dein Leben sinnlos. Du musst dich selbst immer an die erste Stelle setzen, um es in die richtige Richtung zu lenken.

Nachdem wir nun die verschiedenen Gewohnheiten für Wohlbefinden und tiefes Denken erörtert haben, wollen wir uns nun der Durchführungsstrategie zuwenden, die alle Praktiken miteinander verbindet und dir Leitlinien dafür gibt, wie du sie in ihrer Gesamtheit anwenden kannst.

Durchführungsstrategie (Habit-Stacking)

Gewohnheiten funktionieren am besten, wenn sie gruppiert und gestapelt werden. Hier ist ein Leitfaden zum Stapeln der Wellness- und Tiefsinn-Gewohnheiten:

- Wache früh auf und nimm dir einen Moment Zeit, um dieses Gefühl des frühen Aufstehens zu würdigen.

- Gehe ein wenig im Zimmer herum, um dich an die Realität des Aufwachens zu gewöhnen.

- Wenn du die Möglichkeit hast, in den Wald, den Garten oder sogar auf die Terrasse zu gehen, tue das.

- Wenn du jedoch nicht sofort nach draußen gehen kannst, setze dich hin oder lege dich auf dein Bett und meditiere eine ganze Minute lang. Achte während dieser Zeit auf deinen Atem.

- Nachdem du meditiert hast, gehe für 5 Minuten nach draußen. Mache einen kurzen Spaziergang um den Block. Wenn es in der Nähe Bäume gibt, beobachte jeden für ein paar Minuten.

- Komme wieder ins Haus und setze dich in Ruhe hin.

- Nimm dir 5 Minuten Zeit, um über irgendetwas nachzudenken; du könntest auch über deine kleine Erfahrung mit der Natur draußen vor ein paar Minuten nachdenken. Denke darüber nach, was es für dich bedeutet und wie es dich beeinflusst hat, auch wenn es nur eine kurze Interaktion war.

- Du könntest auch darüber nachdenken, wie du dich im Laufe des Tages verhalten sollst, oder über ein dringendes Anliegen, das du in Bezug auf dich selbst oder dein Leben hast.

- Es ist am besten, sie aufzuschreiben, um diese Gedanken zu verfestigen und sie nicht im Raum stehen zu lassen.

- Wenn du das getan hast, atme dreimal tief durch, beobachte sie in Ruhe, stehe auf und beginne mit den Aktivitäten, die für den Tag geplant sind, angefangen mit einem gesunden Frühstück.

Mit diesen einfachen Schritten kannst du eine leistungsfähige Morgenroutine entwickeln, die dir Energie gibt und dich auf einen produktiven Tag vorbereitet.

Denke an eine wichtige Sache: Notiere dir den besten Zeitpunkt, kritische Einsichten, die beste Art und Weise, eine Übung durchzuführen, und die Dauer der jeweiligen Übung, während du sie durchführst. Diese Erkenntnisse helfen dir, die Gewohnheit besser zu entwickeln und sie in deinem Leben aufrechtzuerhalten.

Nachdem du deinen Geist darauf vorbereitet hast, tief zu denken und dich auf dein Wohlbefinden zu konzentrieren, musst du daran arbeiten, eine positive Einstellung zu entwickeln, die Erfolg und Wohlstand im Leben fördert. Im Gegensatz zu dem, was die Masse denkt, ist es relativ einfach, dieses Ziel zu erreichen. Mit ein paar gesunden Gewohnheiten, die in Mikrogewohnheiten unterteilt sind, kannst du eine brillante Denkweise aufbauen, die nur zu einem blühenden Leben führen kann.

Teil 4: Denkgewohnheiten

Gewohnheiten ermöglichen es uns, vom "Vorher" zum "Nachher" zu gelangen, um das Leben einfacher und besser zu machen. Gewohnheiten sind berüchtigt - und das zu Recht - für ihre Fähigkeit, uns sogar gegen unseren Willen zu lenken; aber indem wir unsere Gewohnheiten achtsam gestalten, können wir die Macht der Gedankenlosigkeit als eine *durchschlagende Kraft für Gelassenheit, Energie und Wachstum nutzen."*

- Gretchen Rubin

Denkgewohnheiten: Einführung

*"Sobald sich deine Einstellung ändert, wird sich auch alles Äußere ändern." - **Steve Maraboli***

Deine Denkweise umfasst deine Überzeugungen, Meinungen und Ansichten, die deine Gedanken, dein Verhalten, deine Einstellung und deine Handlungen prägen. Die Kultivierung dieser Elemente formt dein Leben als Ergebnis. Die Denkweise, die du pflegst, wirkt sich direkt auf alle anderen Gewohnheiten aus, die du entwickelst.

Warum die richtige Einstellung wichtig ist, um andere Gewohnheiten zu praktizieren

Laut der Stanford-Professorin Carol Dweck gibt es zwei Hauptarten von Denkweisen: **Wachstum** und **Fixierung**.

Eine fixe Denkweise lässt dich glauben, dass deine Fähigkeiten und dein Potenzial fixe Eigenschaften sind, d. h. du glaubst, dass du sie nicht ändern oder verbessern kannst. Wahrscheinlich glaubst du, dass du nur dann im Leben erfolgreich sein kannst, wenn du hochintelligent oder talentiert bist - dass harte Arbeit in dieser Hinsicht keine Rolle spielt. Die Wachstumsmentalität liegt auf der anderen Seite der Gleichung.

Mit einer wachstumsorientierten Denkweise glaubst du, dass du deine Fähigkeiten ausbauen, deine Talente entwickeln und dein Potenzial mit der Zeit durch harte Arbeit, Anstrengung und Beständigkeit verfeinern kannst. Menschen mit einer wachstumsorientierten Denkweise glauben nicht, dass sie der nächste Steve Jobs werden können. Sie glauben, dass jeder und jede talentierter und innovativer werden kann, wenn er oder sie an dem arbeitet, was er oder sie will.

Um im Leben erfolgreich zu sein, muss man eine Wachstumsmentalität pflegen, insbesondere wenn man sich gesunde Gewohnheiten aneignet. Sie gibt dir den Mut, an dich selbst zu glauben, die Kraft, weiterzumachen, auch wenn du einen Fehler machst, und die positive Einstellung, dich angesichts von Versuchungen zu disziplinieren.

Neue Gewohnheiten zu entwickeln und alte zu ersetzen, kann eine ziemlich schwierige Aufgabe sein. Es gibt Tage, an denen wir nicht in der Lage sind, eine zusätzliche Meile zu laufen, mehr Wasser zu trinken oder pünktlich zur Schlafenszeit ins Bett zu gehen. An solchen Tagen kann es passieren, dass du dich zu deinen Verlockungen hingezogen fühlst. Dein Urteilsvermögen wird getrübt, und du gibst dich vielleicht deinen ungesunden Gewohnheiten hin.

In solch heiklen Zeiten kommt deine Einstellung zur Rettung. Du erkennst, dass du dich ständig anstrengen musst, um ein Ziel zu erreichen. Du weißt, dass manche Tage nicht einfach sind und dass du dich mehr anstrengen musst. Du akzeptierst, dass es Zeit braucht, um die Ziellinie zu erreichen, aber deine harte Arbeit wird nie umsonst gewesen sein. Also versuchst du es weiter, und so kommst du allmählich an dein Ziel.

Deshalb musst du daran arbeiten, die richtige Denkweise zu entwickeln, um die richtigen Gewohnheiten aufzubauen. Lass uns nun in diesem Teil des Buches die verschiedenen Denkgewohnheiten für ein erfolgreiches Leben besprechen.

Kapitel 13: Die Anti-Prokrastinations-Gewohnheit

*"TRANSFORMATION ist viel mehr als der Einsatz von Fähigkeiten, Ressourcen und Technologie. Es geht um GEWOHNHEITEN des Geistes." - **Malcolm Gladwell***

Wir alle hatten schon einmal einen schlechten Tag, an dem unsere Produktivität den Bach runterging. Egal, wie sehr du dich bemühst, hast du nicht die Kraft, dich um deine Aufgaben zu kümmern. Das ist nicht schlimm. Wir waren alle schon in diesem Kaninchenbau.

Ein gelegentlicher Zyklus der Prokrastination ist normal. Wir brauchen diese Pause von der ständigen Arbeit. Es ist in Ordnung, ab und zu nicht zu viel zu arbeiten. Wenn dies jedoch zu einem 24/7-Mechanismus wird und du anfängst, alle wichtigen Aufgaben aufzuschieben, wird diese gelegentliche Prokrastination zur Gewohnheit und fordert dich auf, einen anderen Gang einzulegen und den Spieß umzudrehen.

Prokrastination als Gewohnheit ist wie Termiten im Holz. Sie frisst deine Produktivität auf, zehrt an deinen Kräften und schwächt deine Motivation, voranzukommen. Um gute Gewohnheiten zu entwickeln, die dir Kraft geben und dir helfen, dein bestes Leben zu gestalten, musst du daran arbeiten, die Gewohnheit der Antiprokrastination zu entwickeln.

Schauen wir uns einige wirksame Gewohnheiten gegen die Prokrastination an, die eine "Kann-ich-tun"-Mentalität schaffen, damit du alles erreichen kannst, was du willst.

Mögliche Notfälle beheben

Notfälle können ziemlich chaotisch sein. Sie bringen deinen Zeitplan durcheinander und bringen dich aus der Bahn. Du kannst nicht alle Eventualitäten vorhersehen, die auf dich zukommen können, aber du kannst mit einigen rechnen und sie bewältigen.

Wenn du einige wahrscheinliche Notfälle im Voraus erkennst, kannst du eine oder zwei Strategien entwickeln, um sie rechtzeitig zu bewältigen. Wenn du die Notfälle unter Kontrolle hast, kannst du effizient an deinem Plan arbeiten.

So kannst du das tun:

- Beurteile deinen Zeitplan und deine Etappenziele.

- Denke an alle unvorhergesehenen und unglücklichen Notfälle, die unangekündigt eintreten können. Wenn du zum Beispiel ein Trainingsprogramm zur Gewichtsabnahme durchführst, denke darüber nach, was passieren kann, wenn du dich verletzt. Wie wirst du abnehmen, wenn du einen verstauchten Knöchel hast?

- Nachdem du über einige Notfälle nachgedacht oder vorausgesehen hast, dass sie eintreten werden, erstelle einen Aktionsplan, um sie zu bewältigen.

- Kümmere dich im Vorfeld um die Notfälle, um dein Risiko und deinen Stress zu verringern.

Übe dies alle paar Wochen oder sogar wöchentlich, um die Oberhand über alle Bedrohungen zu behalten, die dich ängstigen und stressen könnten.

Mache einen schnellen Tagesrückblick

Nimm dir jeden Tag 5 bis 10 Minuten Zeit, um deinen gesamten Plan zu überprüfen. Geh immer alle Tagesziele durch, die Leistungen, die du erbringen musst, um sie zu erreichen, und die zweiwöchentlichen und monatlichen Meilensteine. Sieh, was sich falsch und richtig anfühlt, und überarbeite deinen Plan, nachdem du deine tatsächlichen Fortschritte und Leistungen analysiert hast.

Konzentriere dich auf deine MITs

MIT steht für "Most Important Tasks", also Aufgaben, die deine Aufmerksamkeit erfordern und in direktem Zusammenhang mit deinen Zielen stehen.

Wenn du vorhast, hydratisiert zu bleiben, ist das Trinken von zehn Gläsern Wasser dein MIT in Bezug auf diese Aufgabe.

Wenn du einen Projektbericht in zwei Tagen abgeben musst, sind die Arbeit an der Datenerfassung und die Vorbereitung des Berichts deine MITs für dieses Ziel.

Um etwas zu erreichen, musst du mit deinen MITs beginnen.

- Geh deine Wochen- und Monatspläne durch.

- Analysiere die Ziele, die erreicht werden sollen, in Bezug auf die Gewohnheiten, die du dir aneignen möchtest, und alle anderen wichtigen Ziele.

- Finde heraus, welche MITs mit diesen Gewohnheiten und Zielen verbunden sind.

- Beginne damit, sie zuerst zu bearbeiten.

Wenn du das richtig machst, wirst du erhebliche Fortschritte erzielen und gleichzeitig die Prokrastination in Schach halten.

Anwendung der 80/20-Regel

Die auch als "Pareto-Prinzip" bekannte 80/20-Regel ist ein berühmtes Prinzip, das beschreibt, dass 80 % des Ergebnisses in fast allen Bereichen von 20 % der in den richtigen Bereich investierten Anstrengungen herrühren.

Nach dieser Regel sind es meist 20 % deiner Bemühungen in den kritischsten Bereichen/Prozessen/Aspekten/Werkzeugen usw., die satte 80 % des Gesamtergebnisses erbringen, und wenn du diese 20 % des wichtigsten Bereichs ermittelt hast, weißt du genau, wann und wo du den Hammer auf den Nagel schlagen musst.

Die 80/20-Regel funktioniert bemerkenswert gut, um die Prokrastination zu überwinden. Sobald du die 20 % der Aufgaben kennst, die 80 % des erwünschten Ergebnisses bringen, weißt du, an welchen Aktivitäten du zu einem bestimmten Zeitpunkt arbeiten musst, um 80 % der gewünschten Ergebnisse zu erzielen. Mit diesem Wissen kannst du alle zusätzlichen Aktivitäten aus deinem Terminkalender streichen und dich nur noch auf das konzentrieren, was nötig ist.

Hier erfährst du, wie du die 80/20-Regel zu deinem Vorteil nutzen kannst:

- Finde heraus, welche Aufgaben im Zusammenhang mit den Zielen, die du erreichen willst, am dringendsten sind.

- Notiere diese Aufgaben.

- Plane sie zuerst in deinen Tages- und Wochenplan ein.

- Achte auch auf deine Hauptenergiezeit, d. h. auf die Zeit, in der deine Energie und dein Enthusiasmus am höchsten sind und es dir am leichtesten fällt, selbst die schwierigsten Aufgaben zu erledigen. Die Arbeit an wichtigen Aufgaben in deiner Hauptenergiezeit ist eine weitere

Möglichkeit, die 80/20-Regel zu nutzen, weil du dann schneller und effizienter arbeitest.

- Wenn du an einer bestimmten Aufgabe arbeitest, überlege dir verschiedene Strategien und wähle diejenige, die das meiste oder beste Ergebnis verspricht. Dieser Ansatz ermöglicht es dir, den Output zu maximieren, indem du deine Zeit, Mühe und Energie in eine Strategie investierst, die den größten Nutzen bringt.

Sobald du die 80/20-Regel anwendest, wirst du eine deutliche Steigerung deiner Produktivität feststellen. Wenn du anfängst, besser zu arbeiten, wird es dir allmählich leichter fallen, den Drang zu prokrastinieren zu überwinden.

Friss den hässlichen Frosch

Den hässlichen Frosch zu essen ist ein beliebtes Mittel, um die Prokrastination zu besiegen. Stell dir vor, du verschlingst zu Beginn des Tages einen Frosch.

Natürlich ist es eklig und wohl das Grausamste überhaupt, aber wenn du es einmal getan hast, fühlst du dich in der Lage, mit allem fertig zu werden, weil du das Schlimmste erlebt hast. Du kannst noch viel Schlimmeres erleben, wie zum Beispiel, dass dir jemand eine weitere Tüte Frösche serviert, aber du wirst viel erreicht haben, wenn du als erstes am Morgen einen hässlichen Frosch isst.

Einen hässlichen Frosch zu essen ist eine Analogie, um die schwierigste Aufgabe in deinem Terminkalender zu beschreiben, die "eine Aufgabe", die dich nervös macht und dich nie zur Ruhe kommen lässt. Sie nagt an deiner Ruhe und lässt deinen Enthusiasmus allmählich schwinden.

Wenn du zuerst daran arbeitest, auch wenn es sich schwieriger anfühlt als die Besteigung des Everest, erlebst du einen guten Adrenalinstoß. Sobald die große Aufgabe, die sich fast wie das größte Hindernis anfühlte, aus dem Weg geräumt ist, bist du motiviert, an deinem gesamten Zeitplan zu arbeiten. Aus diesem Grund ist es in der Regel am besten, den Tag mit der schwierigsten Aufgabe zu beginnen, wenn man an nichts anderem arbeiten kann.

- Identifiziere deine schwierigste Aufgabe.

- Teile sie in kleinere Teile auf.

- Beginne mit dem ersten Teil. Du kannst nur 5 Minuten lang daran arbeiten.

- Arbeite in 5-Minuten-Schritten weiter, und bald wirst du mit dem ersten Teil fertig sein.

- Arbeite auf diese Weise weiter, bis du es geschafft hast.

Probiere diesen Hack einmal aus, und du wirst die Energie und die Kraft finden, alle deine Aufgaben rechtzeitig zu erledigen.

Schnelle Aufgaben sofort erledigen

Bestimmte Aufgaben brauchen nicht so viel Zeit. Quick Wins, wie manche sie nennen, sind Aufgaben und Aktivitäten, die eine gute Produktivität bringen, ohne zu viel Aufwand zu erfordern. Wenn man sich schnell um diese Aufgaben kümmert, schafft man viel in weniger Zeit.

Leider vermeiden es viele von uns, selbst diese Aufgaben zu erledigen, wenn uns ein massiver Anfall von Prokrastination überkommt. Beginne sofort mit den schnellen Aufgaben, damit du nicht in diese Phase gerätst.

- Ermittle die schnellen und einfachen Aufgaben in deinem Zeitplan. Das kann ein Anruf bei einem Freund sein, eine E-Mail an einen Mitarbeiter, die Vorbereitung eines Angebots, die Einrichtung eines E-Mail-Kontos usw.

- Analysiere diese Aufgaben und suche dir eine aus, die du sofort erledigen kannst.

- Arbeite sofort an einer bestimmten Aufgabe und sieh, wie du dich fühlst.

- Du wirst dich wahrscheinlich motivierter fühlen als zuvor und dich bereit fühlen, die nächsten schnellen Aufgaben zu erledigen.

- Kümmere dich auch um die schnellen Aufgaben, sobald du sie zugewiesen hast, um sicherzustellen, dass du einen großen Teil deiner Arbeit erledigst.

Wenn du mit einer Aufgabe fertig bist, aktualisiere sie in deinem Kalender, damit du dir keine Gedanken mehr darüber machen musst.

Schaffe eine Mini-Gewohnheit für herausfordernde Aufgaben

"Mini-Gewohnheit" ist ein von Stephen Guise geprägter Begriff. Er bezieht sich darauf, kleine Gewohnheiten zu schaffen, um sich allmählich an einen Zeitplan zu gewöhnen oder sich an eine neue Gewohnheit anzupassen, die man aufzubauen versucht. Es ist einfacher, sich vorzustellen, dass man 5 oder 10 Minuten für seine Abschlussarbeit recherchiert, als sich 6 Stunden damit zu befassen oder alle Inhalte für die Literaturübersicht auf Anhieb zu finden.

Schwierige Aufgaben neigen dazu, deine Motivation aufzuzehren. Damit das nicht passiert, solltest du kleine Gewohnheiten schaffen, um schwierige Aufgaben zur Gewohnheit werden zu lassen.

- Analysiere deine anspruchsvolle Aufgabe und unterteile sie in verschiedene Abschnitte. Wenn du zum Beispiel deine MBA-Arbeit vorbereiten musst, könntest du die Aufgabe in die Festlegung des Themas, das Sammeln von Daten, die Entscheidung über die Art der Studie (qualitativ oder quantitativ), die Wahl des Forschungsinstruments usw. unterteilen.

- Nimm jedes kleine Segment der Aufgabe und zerlege es in kleinere Teile.

- Nimm dir für jeden Teil der Aufgabe 5 bis 10 Minuten Zeit. Wenn die Recherche für deine Abschlussarbeit eine langwierige Aufgabe ist, recherchiere dreimal täglich jeweils nur 10 Minuten.

- Baue auf diese Weise immer wieder kleine Gewohnheiten auf, um an der Aufgabe zu arbeiten, bis sie überschaubar und bequem zu bearbeiten ist und schrittweise abgeschlossen werden kann.

"Elefantengewohnheiten" für laufende Projekte entwickeln

Der Ansatz der "Elefantengewohnheit" ähnelt der Strategie "einen hässlichen Frosch essen". Einen hässlichen Frosch zu essen bedeutet, eine schwierige Aufgabe zuerst zu erledigen, und die Elefantengewohnheit ist ein Ansatz, um an deinen anspruchsvollsten Aufgaben zu arbeiten.

Was glauben Sie, wie würde man einen Elefanten essen, wenn man müsste? Da ein Elefant eine ziemlich große Mahlzeit wäre, würde man ihn in kleinen Häppchen essen. Genauso solltest du bei laufenden und wichtigen Projekten Stück für Stück vorgehen.

Die oben beschriebene Strategie, große Gewohnheiten in kleinere Stücke zu zerlegen, ist das, was du tun musst, um Elefantengewohnheiten aufzubauen.

Verwende Sprints, um an herausfordernden Projekten zu arbeiten

Bist du schon einmal gesprintet? Wenn ja, dann kennst du das Gefühl, wahnsinnig schnell zu laufen, um eine bestimmte Strecke in kurzer Zeit zurückzulegen. Der "Sprint-Ansatz" funktioniert ganz ähnlich. Du musst eine schwierige Aufgabe bearbeiten und dich dabei selbst herausfordern, sie in einem bestimmten, kleinen Zeitfenster zu erledigen.

Wenn du ein Foliendokument für eine Präsentation vorbereiten, einige Konten abrechnen oder ein Video bearbeiten musst, dich aber vor dieser Aufgabe fürchtest, stell dich selbst vor eine spannende Herausforderung, indem du dieser Aufgabe ein Zeitfenster zuweist, den Timer einstellst und dich selbst dazu drängst, sie rechtzeitig zu erledigen.

Die Gewohnheit des Unbehagens aufbauen

Unbehagen ist keine schlechte Sache. Wir sind hauptsächlich daran gewöhnt, Dinge in unserer Komfortzone zu tun, und zwar in einem Maße, dass es fast unmöglich erscheint, sie zu verlassen. Da du nun bereit bist, die Prokrastination aus deinem Leben zu verbannen, solltest du dich ermutigen, die Gewohnheit des Unbehagens zu entwickeln.

Bei der Gewohnheit geht es darum, sich an den Gedanken zu gewöhnen, dass man sich hin und wieder unbequem fühlt. Wachstum liegt außerhalb deiner Komfortzone. Du kannst jahrelang auf der Couch sitzen, Chips und frittiertes Essen essen und dabei zusehen, wie dein Bauch wächst, oder du kannst aufstehen, dich bewegen, Sport treiben und einen aktiven Lebensstil entwickeln, der dir hilft, zusätzliches Körperfett und Gewicht abzubauen. Das Gleiche gilt für alles andere.

- Suche dir eine Aufgabe aus, bei der du dich unwohl fühlst. Darüber hinaus kannst du auch einen Bereich auswählen, in dem du dich verbessern möchtest, und eine Tätigkeit identifizieren, bei der du unbehaglich mit dem Kopf zuckst.

- Setze dich dafür ein, in diesem Bereich zu arbeiten. Vielleicht möchtest du ein erfolgreicher öffentlicher Redner werden, hast aber mit Lampenfieber zu kämpfen.

- Erstelle, wie oben beschrieben, eine Roadmap, um dieses Ziel zu erreichen oder diese unangenehme Aufgabe zu bewältigen.

- Beginne mit einem winzigen Teil einer Aufgabe auf der Roadmap und baue langsam die Gewohnheit des Unbehagens auf.

Wenn du weiter an dieser Strategie arbeitest, wirst du dich bald mit dem Gedanken anfreunden können, dich unwohl zu fühlen.

Versteckte Blockaden mit der Gewohnheit Bewusstsein beseitigen

Jeder von uns hat ein oder mehrere innere Hindernisse, die unser Wachstum behindern. Es ist wichtig, diese Schichten der Dunkelheit zu entwirren, die verhindern, dass das Licht in uns fließt. Wie können wir das am besten tun? Indem wir uns unserer selbst und der verborgenen Blockaden bewusst werden.

- Widme dir 5 Minuten deines Tages der Selbstbeobachtung und konzentriere dich dabei auf die Dinge, die dich daran hindern, im Leben zu wachsen.

- Wenn du eine verborgene Blockade erkennst, notiere sie in deinem Tagebuch.

- Wann immer du eine Blockade bemerkst, die dich daran hindert, voranzukommen, schreibe darüber.

- Finde heraus, wie du diese Blockade am besten überwinden kannst.

- Arbeite an der ermittelten Strategie, indem du die Mini-Gewohnheitsstrategien anwendest.

Mit der Zeit und Ausdauer wirst du die Prokrastination immer besser in den Griff bekommen.

Das nächste Kapitel trägt dazu bei, deine Einstellung weiter zu stärken, indem es Gewohnheiten erörtert, die sich ausschließlich auf ...

die Gewohnheit zum Aufbau einer Denkweise beziehen.

Kapitel 14: Die Gewohnheit zum Aufbau einer Denkweise

"Mach dir nichts vor. Schlechte Angewohnheiten werden nicht ohne Grund als 'schlecht' bezeichnet. Sie töten unsere Produktivität und Kreativität. Sie bremsen uns aus. Sie hindern uns daran, unsere Ziele zu erreichen. Und sie sind schädlich für unsere Gesundheit." - **John Rampton**

Hast du dich jemals gefragt, welche Rolle deine Denkweise in deinem Leben spielt und ob du sie umgestalten kannst? Nun, dieses Kapitel wird dir neue Einblicke in deine mentalen Vorstellungen und Schlussfolgerungen über das Leben geben und wie du sie zum Besseren verändern kannst.

Wenn ich dir ein Gemälde zeige und dich bitte, sechs Fehler zu finden, bin ich sicher, dass du alle sechs - und vielleicht noch mehr - aufzeigen wirst. Wenn ich dasselbe Gemälde einer anderen Person zeige und sie bitte, alle Elemente der Vollkommenheit darin zu suchen, wird auch sie die richtigen identifizieren können.

Wie jedes Gemälde mit Fehlern und großen Finessen, ist auch unser Leben ein Kunstwerk. Es hängt davon ab, wonach du suchst oder worauf du dich in einem bestimmten Moment konzentrieren willst. Wenn du dich auf die negativen Aspekte konzentrierst, wird dein Leben wie ein düsteres Porträt aussehen. Es wird ein liebenswertes Bild, wenn du eine positive Einstellung hast.

Eine positive Einstellung gibt dir Hoffnung für das Leben, und das Leben fühlt sich leicht an, wenn du verschiedene Bereiche erkunden kannst. Bevor du dich auf diese Reise begibst, ist es wichtig, deinen Geist zu reinigen.

Braindump-Tagebuch

Hast du dich jemals so überfordert und unruhig gefühlt, dass dein Gehirn nichts mehr verarbeiten kann? Du wirst mürrisch und schlägst grundlos auf andere ein. Wenn das passiert, ist es Zeit für eine Denkpause.

Dein Gehirn ist nicht deine Festplatte, es ist dein Verarbeitungswerkzeug. Du musst diese Negativität aus deinem Geist entfernen, damit dein Gehirn richtig funktionieren kann.

- Notiere deine Vorlieben, Abneigungen, Erfolge, Erinnerungen, Tiraden usw.

- Mach dir keinen Stress mit der Organisation und dem Setzen von Randlinien.

- Führe wöchentlich Braindumps durch, um bessere Ergebnisse zu erzielen.

Und schon bist du fertig!

Wenn du deinen Geist entrümpelt hast, ist es an der Zeit, dein Leben zu organisieren, aber du musst zuerst eine Richtung festlegen.

Ziele und Visionen überprüfen

Gehst du schlafwandelnd durchs Leben?

Ja, das ist anders! Du kannst körperlich wach sein, aber geistig schlafen, wenn dein Körper auf Automatikmodus läuft und ohne Lebensziele lebt. Du weißt nicht, wohin du gehst; du schlafwandelst dein Leben einfach weg.

Es ist wichtig, sich Ziele zu setzen und sich an sie zu erinnern. Wie ein Braindump-Tagebuch kannst du auch eine Visionsliste erstellen.

- Definiere ein wichtiges Ziel, seine Parameter und Anforderungen.

- Setze Etappenziele.

- Füge Aufkleber ein, die zum Nachdenken anregen und die es wert sind, dass du sie wieder ansiehst.

- Erstelle einen groben Entwurf für ein sauberes endgültiges Aussehen.

Wenn man durchs Leben geht, ist es wichtig, sich seiner Handlungen bewusst zu sein, sonst kann man vom Winde verweht werden. Wir wollen sehen, wie du eine sichere Reise haben kannst.

Werde dir deiner Handlungen bewusst.

Menschen empfinden Feedback oft als Beleidigung. Das Problem ist nicht das Feedback selbst. Es liegt daran, dass man "nicht weiß", von wem man es annehmen soll - von der Person. Es gibt einen Unterschied zwischen konstruktivem und destruktivem Feedback. Das eine baut auf, das andere macht kaputt!

Ja, der Ratschlag lautet hier, um Feedback zu bitten, um sich seiner Handlungen bewusst zu werden, aber die Menschen wählen oft die falsche Quelle für ihr Feedback. Wenn sich jemand darüber lustig macht und es Feedback nennt, wird man automatisch defensiv in Bezug auf genau die Handlungen, die man ändern muss.

Deshalb ist es ratsam, einen Mentor oder eine nahestehende Person für diese Aufgabe zu gewinnen. Sie geben konstruktives Feedback, sodass du dich respektiert fühlst und bereit bist, dein Verhalten zu ändern.

Sie werden auch auf deine Handlungen achten und am Ende ein positives Feedback erhalten.

Nimm dies als deine erste Herausforderung an, wenn du denkst, dass es schwer ist.

Mal sehen, wie man das lernen und umsetzen kann ...

Nimm die Herausforderung an

Der einfachste Weg, sich einer Herausforderung zu stellen, ist, sich ihr direkt zu stellen. Wenn man eine Herausforderung annimmt, wird man mit ihr vertraut, sodass sie leicht erscheint. Wenn man nicht scheitert, hat man die Gewissheit, dass man es schaffen kann, wenn man sich ein wenig mehr anstrengt.

Für jede Herausforderung im Leben:

- Schreibe auf, was dir Angst macht, und mache dir Gedanken darüber.

- Sei dir bewusst, dass auch andere damit konfrontiert sind.

- Lasse dich von einer erfahrenen Person beraten.

- Stelle Selbstbehandlungen ein.

- Überprüfe deine Visionsliste.

Wenn du die Kunst erst einmal beherrschst, werden dir die neuen Herausforderungen wie ein Kinderspiel vorkommen, wenn du nicht abgelenkt bist.

Lass uns nun besprechen, wie man Ablenkungen kontrollieren kann ...

Blockiere deinen Zeitplan

Man lässt sich leicht ablenken, wenn man keinen Zeitdruck hat und weiß, dass man seine Aufgabe auf so viele Tage wie möglich verschieben kann. Der Ausweg ist, sich täglich kleine Ziele zu setzen und diese mit Zeit zu versehen.

- Unterteile ein Hauptziel in kleinere Ziele.

- Setze tägliche Ziele.

- Bewerte deine Leistung.

- Nimm dir einen Tag frei, um dich zu erfrischen und deine Gelüste zu stillen.

- Lege Strafen für zusätzliche Arbeit fest, wenn du Fristen versäumst.

Ablenkungen sind nicht der einzige Faktor, der das Wachstum einer Denkweise stört. Manchmal kommen auch andere Elemente in den Weg.

Schauen wir uns an, wie du eine wachstumsorientierte Denkweise beibehalten kannst!

Mindset-Check-Ins

Die Aufrechterhaltung einer wachstumsorientierten Denkweise ist ein fortlaufender Prozess, der ständige Aufmerksamkeit erfordert. Wenn du es versäumst, dich selbst regelmäßig zu überprüfen, wirst du wieder zu einer fixen Denkweise zurückkehren. Wann immer du denkst, dass du es nicht schaffst, dich weiterzuentwickeln, solltest du wissen, dass du in dein altes Selbst zurückfallen könntest. Wenn du dort verharrst, wirst du alle Fortschritte verlieren.

Um eine Wachstumsmentalität zu kultivieren, solltest du:

- Akzeptieren, dass du unschlagbar bist. (Je mehr Herausforderungen du annimmst, desto besser)

- Nicht nach externer Anerkennung suchen. (Mit etwas Übung wirst du merken, dass das nicht schwer ist)

- Selbstzweifel, selbst auferlegte Grenzen, äußere Beschränkungen usw. als Teil deines Braindumps aufschreiben.

- Offen sein für neue Erfahrungen. (Am Anfang wird es schwer sein, wenn du nicht daran gewöhnt bist, aber mit der Zeit wirst du dich daran gewöhnen)

Misserfolge führen oft zu einer fixen Idee, aber niemand kann Enttäuschungen vermeiden, oder?

Was ist dann der Ausweg?

Scheitern ist nicht das Ende; es ist ein neuer Anfang

Man kann dem Scheitern nicht entgehen, aber man kann es neu definieren. Diesmal hast du die besten Erfahrungen gemacht und fängst nicht bei Null an. Jedes Mal, wenn du scheiterst, steigen deine Erfolgschancen.

Jedes Mal, wenn du scheiterst, kommst du deinem Ziel einen Schritt näher. Jedes Mal, wenn du scheiterst, erweiterst du deine Fähigkeiten und dein Wissen. Jedes Mal, wenn du scheiterst, erhältst du mehr Einblick in die Definition deines Ziels. Scheitern als Neuanfang zu sehen, ist der Schlüssel zum Erfolg.

*"Jeder neue Anfang kommt vom Ende eines anderen Anfangs." - **Seneca***

Sobald du eine positive Einstellung entwickelt hast, kannst du an der nächsten Reihe von Gewohnheiten arbeiten, die sich um die Festlegung deiner täglichen Ziele drehen.

Kapitel 15: Die Gewohnheit, sich täglich Ziele zu setzen

"Wenn du dich im Leben langweilst - wenn du nicht jeden Morgen mit dem brennenden Wunsch aufstehst, etwas zu tun -, dann hast du nicht genug Ziele." - **Lou Holtz**

Das obige Zitat zeigt deutlich, wie Ziele unserem Leben Wert und Sinn verleihen. Wenn du dich oft langweilst und das Gefühl hast, dass dein Leben keinen Sinn hat, ist es an der Zeit, es mit einigen kraftvollen und substanziellen Zielen zu bereichern. Wir haben das perfekte Mittel für dich.

In diesem Kapitel geht es darum, wie du es dir zur Gewohnheit machen kannst, dir täglich Ziele zu setzen.

Ziele im Voraus festlegen

Planung ist sicherlich zeitaufwändig. Genauso wie du deinen Tag im Voraus planen solltest, solltest du auch an deinen Zielen arbeiten. Anstatt deine Tagesziele erst am selben Tag festzulegen, solltest du schon am Vorabend überlegen, was du am nächsten Tag erreichen möchtest.

- Stelle sicher, dass du deine Ziele für den nächsten Tag aufschreibst, damit du am nächsten Tag bereit bist, daran zu arbeiten.

- Wenn du dir ein Ziel setzt, achte darauf, dass es dir etwas bedeutet.

- Schreibe die zwingenden Gründe auf, die mit diesem Ziel verbunden sind. Wenn du ein Kursmodul über E-Commerce erstellen willst, warum möchtest du das tun?

- Versehe dein Ziel mit einem Anfangs- und einem Enddatum, um sicherzustellen, dass du weißt, wann du mit dem Ziel beginnen und wann es fällig ist.

Lies dein Ziel laut vor, um dein Engagement für dieses Ziel zu festigen.

Langfristige Ziele aufschlüsseln

Wenn ein Ziel zu groß ist, erschreckt es einen zutiefst. Der Gedanke, 40 Pfund zu verlieren, mag einschüchternd klingen, aber sobald du daran denkst, ein oder zwei Pfund pro Monat abzunehmen, hört es auf, so beängstigend zu sein, oder? Das ist der Vorteil, wenn du deine langfristigen Ziele in kleinere Teile aufteilst.

- Nimm dein langfristiges Ziel und unterteile es in mittelfristige und kurzfristige Etappenziele.

- Wenn sich dein langfristiges Ziel über zwei Jahre erstreckt, solltest du am Ende des ersten Jahres einen mittelfristigen Meilenstein setzen, während sich die kurzfristigen Ziele auf sechs Monate verteilen.

- Sobald du klare mittelfristige und kurzfristige Ziele hast, nimm die kurzfristigen Ziele und unterteile sie in umsetzbare Schritte. Dies sind die Aktivitäten, die du jeden Tag durchführen musst, um das Ziel zu erreichen und dich dann auf das mittelfristige Ziel zuzubewegen.

- Füge alle Aktivitäten ein, und du hast deinen Aktionsplan fertig.

- Überprüfe sie regelmäßig, mindestens alle zwei Wochen, um sicherzustellen, dass du weiterhin in die richtige Richtung gehst.

3 Ziele pro Tag

Arbeite an nicht mehr als 3 Zielen pro Tag, die sich auf verschiedene Aktivitäten in deinem Leben beziehen. Der Begriff "Ziele" bezieht sich hier auf deine täglichen Vorgaben. Dein gesundheitsbezogenes Ziel könnte zum Beispiel sein, 30 Minuten im Fitnessstudio zu trainieren, dein arbeitsbezogenes Ziel könnte sein, eine Branding-Strategie für deinen Kunden zu entwerfen, und dein persönliches Ziel könnte sein, dich massieren zu lassen.

Fülle deinen Teller nicht mit zu vielen täglichen Zielen, denn das kann anstrengend sein. Nimm dir stattdessen 3 wichtige Ziele vor und versuche, diese mit Bravour zu erreichen.

Konsequent sein

Sobald du einen Aktionsplan hast, auch wenn du dir nicht sicher bist, ob du ihn umsetzen kannst, aber zumindest ein Ziel vor Augen hast, arbeite konsequent daran. Konsequenz ist die goldene Regel für den Erfolg bei allen Unternehmungen. Wenn du täglich konsequent handelst, wirst du schließlich die Ziellinie erreichen, auch wenn du hundert Fehlversuche hast.

Jeden Tag musst du etwas unternehmen, auch wenn es nur ein kleiner Schritt in Richtung deines Ziels ist. Behalte deine Leistung im Auge und baue sie täglich weiter aus.

Fokus auf Aktion, nicht auf Planung

Planen ist gut, aber noch wichtiger ist es, aktiv zu werden. Verbringe nicht Stunden mit der Planung und erschöpfe dich so sehr, dass du nicht mehr handeln kannst. Plane stattdessen ein wenig und spare deine Energie für die Umsetzung.

Finde den Ausgangspunkt heraus und handle dann. Wenn du sofort aktiv wirst, kommst du besser in Schwung. Sobald du weitere Schritte unternimmst, gewinnst du an Schwung und Tempo.

Verantwortlich bleiben

Verantwortlichkeit ist eine wichtige Tugend, die dir hilft, an dem festzuhalten, woran du glaubst, eine

Bilanz deiner Leistung zu ziehen und sie zu verbessern. Sobald du mit der Arbeit an einem Ziel beginnst, übernimmst du die volle Verantwortung für dieses Ziel.

- Setzen Sie sich eine Absicht, Ihr Ziel zu erreichen.

- Überprüfen Sie täglich Ihre Gefühle in Bezug auf Ihr Ziel.

- Singen Sie Ihre Absicht, an dem Ziel zu arbeiten.

- Bewerten Sie Ihre Leistung durch und durch.

- Akzeptieren Sie, wenn Sie straucheln und einen Schritt verpassen. Vielleicht konnten Sie eine Woche lang nicht daran arbeiten, mehr Inhalte zu Ihrem YouTube-Kanal hinzuzufügen. Erkennen Sie den Fehler an und entwickeln Sie eine neue Strategie, um das Ziel zu erreichen.

- Erkennen Sie Ihre Stärken an und schätzen Sie Ihre Bemühungen. Finden Sie Wege, um sie zu nutzen und Ihre Ziele effizient zu erreichen.

- Sie können sich auch einen Partner suchen, der dafür sorgt, dass Sie verantwortungsbewusst an Ihren Zielen arbeiten. Bitten Sie einen Freund oder eine Freundin, Ihre Leistung zu überprüfen und Sie rechtzeitig an Ihre Leistungen und Meilensteine zu erinnern.

Das Wichtigste zuerst

Unterschätze niemals die Bedeutung von Aufgaben, die hohe Priorität haben. Sie sind die Aktivitäten, die deinen Fortschritt beschleunigen. Daher ist es sinnvoll, sie immer an die erste Stelle zu setzen. Mache abends bei der Planung des nächsten Tages eine Bestandsaufnahme der Aufgaben mit hoher Priorität und nimm sie am nächsten Morgen gleich in Angriff.

Während du an diesen Gewohnheiten arbeitest, solltest du dir Zeit nehmen, um die Gewohnheit des Lesens auszubauen. Das ist eine Gewohnheit, die einen langen Weg zurücklegt.

Die Gewohnheit des Lesens

"Je mehr man liest, desto mehr weiß man. Und je mehr man weiß, desto mehr Orte besucht man." - **Dr. Seuss**

Wenn Lesen deine Superkraft ist, kann dich nichts davon abhalten, magisch zu sein. Mehr zu lesen, hilft dir, mehr zu lernen, deinen Horizont zu erweitern, deine intuitiven und fantasievollen Fähigkeiten zu wecken, dein Wissen und dein Bewusstsein zu verbessern und dir zu helfen, Dinge besser zu tun.

Du musst nicht damit beginnen, jeden Tag 500-seitige Bücher zu lesen; du musst nur klein anfangen. Wie alle anderen Gewohnheiten, die wir zuvor besprochen haben, ist auch das Lesen eine Gewohnheit, die du mithilfe von Mikrogewohnheiten sehr leicht aufbauen kannst.

- Wähle ein beliebiges Inhaltsgenre, das dir gefällt. Es kann Spannung, Drama, Thriller, Romantik, Fantasy - was auch immer du willst - sein.

- Wähle die Kategorie "Belletristik" oder "Sachbuch".

- Nachdem du dich entschieden hast, was du lesen möchtest, suche nach einigen Bestsellern oder interessanten Büchern.

- Entscheide dich für Papierausgaben, wenn du kein Geld für ein gebundenes Buch ausgeben willst. Du kannst dir auch ein Buch von einem Freund ausleihen oder dir eine E-Book- oder PDF-Version des Buches, das du lesen möchtest, besorgen.

- Lese jeden Morgen fünf Seiten aus deinem Lieblingsbuch.

- Du könntest diese Gewohnheit zusätzlich zu einer bereits bestehenden Gewohnheit oder einer Gewohnheit, an die du dich bereits gewöhnt hast, aufbauen - z. B. das Schreiben eines Tagebuchs oder, wenn du es dir zur Gewohnheit gemacht hast, täglich zu meditieren, könntest du dann vielleicht eine Seite aus deinem aktuellen Buch lesen.

- Wenn dir auch nur eine Seite zu viel ist, lese einen Absatz, aber achte darauf, dass du jeden Tag etwas tust!

Erinnere dich an die Worte von Lao Tzu: *"Die Reise von tausend Meilen beginnt mit einem einzigen Schritt"*.

Ich möchte, dass du an diesem Gedanken festhältst und ihn in deiner täglichen Routine umsetzt. Tägliches Lesen ist ein Segen; du wirst seine Magie ernten, sobald du damit anfängst.

Durchführungsstrategie (Habit-Stacking)

Wie bei allen Gewohnheiten, die wir in den vorangegangenen Teilen besprochen haben, wollen wir auch bei den Gewohnheiten der Denkweise mit der Durchführungsstrategie beginnen.

Dauer: Lege eine feste Zeit fest, um an allen Denkgewohnheiten zu arbeiten. Wenn du beschlossen hast, den Elefanten-Ansatz 5 Minuten lang zu üben, halte dich daran. Versuche nicht, sie auf 10 Minuten zu verlängern oder auf 2 Minuten zu verkürzen. Bleibe zwei Wochen lang bei 5 Minuten und steigere diese Zeitspanne allmählich. Wenn dir 5 Minuten am ersten Tag zu lang vorkommen, verkürze die Dauer der jeweiligen Gewohnheit und bleibe zwei Wochen lang dabei.

Beste Zeit: Beobachte dich selbst, wenn du eine bestimmte Gewohnheit zu verschiedenen Zeiten ausübst, um den Zeitpunkt zu finden, der für dich am besten geeignet ist. Dies kann einige Zeit dauern, in der Regel 5 bis 10 Tage. Sei während dieser Zeit geduldig mit dir selbst. Sobald du die beste Zeit ermittelt hast, arbeite nur noch zu dieser bestimmten Tageszeit an der Gewohnheit.

Wichtige Erkenntnisse: Beobachte dich selbst dabei, wie du diese Gewohnheit in aller Ruhe und vorurteilsfrei ausübst. Beobachte, wie du daran arbeitest, wenn du ausgeruht bist oder an Tagen, an denen du unter Schlafmangel leidest. Mache eine Bestandsaufnahme, wie sich deine Stimmung an verschiedenen Tagen auf deine Leistung auswirkt und wie du daran arbeitest, sie zu kontrollieren.

Wie du vorgehst: Versuche, an einer bestimmten Gewohnheit auf unterschiedliche Weise zu arbeiten. Vielleicht kannst du an einem Tag im Bus lesen und am nächsten Tag in einer Bibliothek. Du könntest während des Lesens Musik hören und es dann ohne Musik versuchen. Experimentiere mit verschiedenen Ideen, während du an einer Gewohnheit arbeitest, um die beste Strategie für die Durchführung herauszufinden.

Strategie zum gemeinsamen Üben der Mindset-Gewohnheiten

Wenn du verschiedene Gewohnheiten aneinanderreihst, schaffst du eine Abfolge leistungsstarker Gewohnheiten, die sich gegenseitig verstärken. Hier ist eine Strategie, um die verschiedenen Denkgewohnheiten, die wir in diesem Teil des Buches besprochen haben, in ihrer Gesamtheit zu praktizieren:

- Geh deinen Plan für den Tag durch, den du am Vorabend erstellt hast.

- Überprüfe deine Ziele und rezitiere dein Visionsstatement, um Bilanz zu ziehen.

- Überdenke deine 3 Ziele für den Tag.

- Führe einen 2-minütigen Mindset-Check durch.

- Prüfe, ob ein Notfall aufgetreten ist oder sich anbahnt, und gehe ihn an.

- Arbeite sofort an einer schnellen Aufgabe.

- Prüfe, ob es eine tödliche Aufgabe gibt, an der du mit der "Frösche-essen-Strategie" arbeiten musst.

- Geh die größeren Projekte nach dem Prinzip der "Elefantengewohnheit" an.

- Arbeite an den restlichen Aufgaben des Tages weiter, indem du die Techniken der "Mini-Gewohnheit" und des "Sprints" kombinierst.

- Lese ein oder zwei Passagen aus einem Buch, das du gerade liest.

Auf diese Weise lassen sich die verschiedenen Denkgewohnheiten auf unkomplizierte Weise kombinieren und in lebenslange Gewohnheiten umwandeln, die dich auf lange Sicht begleiten.

Teil 5: Produktivitäts- und Arbeitsablaufgew ohnheiten

"Wenn wir unser Leben lenken wollen, müssen wir die Kontrolle über unser konsequentes Handeln übernehmen. Es ist nicht das, was wir tun, das unser Leben prägt, sondern das, was wir konsequent tun.

- Tony Robbins

Kapitel 16: Die Fokus-Gewohnheit

*"Nur wenn man sich konzentriert, kann man Weltklasseleistungen erbringen, ganz gleich, wie fähig man ist." - **Bill Gates***

Ob Klassenkameraden, Kollegen, Freunde oder Familienmitglieder - wir alle kennen Menschen, die ihre Arbeit immer vor dem Abgabetermin fertigstellen. Sie wissen, was zu tun ist, um ihre Arbeit fast in der Hälfte der Zeit zu erledigen, die ein durchschnittlicher Mensch benötigt. Sie sind ganz normale Menschen, genau wie du und ich. Was sie von den anderen unterscheidet, sind ihre Produktivitätsgewohnheiten.

Produktivitätsgewohnheiten sind, wie der Name schon sagt, die Gewohnheiten, die es dir ermöglichen, bei deiner Arbeit und deinen Aufgaben sowie in deinem Berufs- und Privatleben effizient und produktiv zu sein. Mit produktiven Gewohnheiten kannst du Herausforderungen wie Zögern, Faulheit, Langeweile, Ablenkungen und Demotivation überwinden. Durch die Entwicklung produktiver Gewohnheiten kannst du all deine Aufgaben effizient erledigen und eine höhere Produktivität erzielen.

Sich zu konzentrieren ist keine leichte Aufgabe, vor allem an stressigen Tagen, an denen man lästige Aufgaben erledigen muss. Ablenkungen können viele Formen annehmen und in unseren Geist eindringen, wann immer wir versuchen, uns auf unsere Arbeit zu konzentrieren. In diesem Kapitel wird eines hervorgehoben: Gewohnheiten können es dir ermöglichen, konzentriert zu bleiben.

Um produktiv zu sein, musst du dich zunächst einmal konzentrieren. Einfacher ausgedrückt, bedeutet die Fähigkeit, sich zu konzentrieren, dass man einer bestimmten Aufgabe oder einem Gedanken eine bestimmte Zeit lang seine Aufmerksamkeit schenkt, ohne sich ablenken zu lassen.

Im Folgenden sind einige der Gewohnheiten aufgeführt, die mir geholfen haben, mich zu konzentrieren.

Mitfühlend sein

Mitgefühl bedeutet, dass du den Schmerz und das Leiden der Menschen in deiner Umgebung erkennst und ihnen auf jede erdenkliche Weise hilfst. Wenn du mitfühlend bist, nimmst du deine Umgebung bewusster wahr. Wenn du jemandem gegenüber mitfühlend bist, konzentrierst du dich eher auf sein Verhalten und seine Stimmung und analysierst, wie du der notleidenden Person helfen kannst.

Es gibt vier Schritte, um wirksam Mitgefühl zu zeigen.

- Der "kognitive" Schritt besteht darin, das Bewusstsein und die Aufmerksamkeit für das Leiden überhaupt erst zu schaffen.

- Zweitens konzentriert sich der "wirksame" Teil auf die emotionale Wirkung, die entsteht, wenn man eine andere Person leiden sieht.

- Drittens: Der "absichtliche" Teil besteht darin, dass du etwas gegen das Leiden unternehmen und es beenden willst.

- Bei der Komponente "Motivation" schließlich bist du bereit, Maßnahmen zu ergreifen, um das Leiden zu beenden.

Fokus nach Belieben

Sich auf die Arbeit zu konzentrieren, ist keine leichte Aufgabe, vor allem angesichts der vielen Ablenkungen in unserer modernen Umgebung. Studien zeigen, dass soziale Medien, Nachrichten, Klatsch und eine laute Atmosphäre die Hauptursachen für Ablenkungen sind.

- Erstens: Erstelle einen Arbeitsplan und halte ihn genau ein. Nachdem du einen Routineplan erstellt hast, halte dich daran. Zeitliche Begrenzungen für deine Arbeit sind ein wirksames Mittel, um das Programm einzuhalten, ohne dich ablenken zu lassen.

- Zweitens: Schalte deine Telefonbenachrichtigungen aus. Anrufe, Social-Media-Benachrichtigungen und Nachrichten-Pings lenken uns oft von unseren Aufgaben ab und führen zu Konzentrationsverlusten. Das Ausschalten der Lautstärke ist eine einfachere

Möglichkeit, den geschaffenen Fokus beizubehalten.

- Und schließlich: Lege zwischen deinen Aufgaben kurze Pausen ein, um deine Konzentration aufrechtzuerhalten.

Multitasking vermeiden

Multitasking lenkt uns von den wichtigen Aufgaben ab und führt dazu, dass wir uns immer weniger konzentrieren können.

Eine der wirksamsten Methoden zur Verringerung des Multitaskings besteht darin, alles Unwichtige vor dir aus dem Blickfeld zu entfernen. Wenn du an deinem Schreibtisch arbeitest, stelle sicher, dass nur die Aufgabe, an der du gerade arbeitest, vor dir liegt und nicht die nächste.

Zu lernen, "Nein" zu sagen, ist eine weitere Möglichkeit, das Multitasking zu beenden. Dein Hauptaugenmerk sollte auf deinen Aufgaben liegen. Und wenn du an einer Aufgabe arbeitest, solltest du dich voll und ganz auf die kleinen Schritte konzentrieren.

Gewohnheiten zur Trennung der Verbindung

Trennungsgewohnheiten helfen uns, uns besser auf unsere Aufgaben und Ziele zu konzentrieren, indem wir uns von Ablenkungen abschneiden oder "abkoppeln". Das Arbeiten in der Stille und in einer beruhigenden Atmosphäre ist ein friedlicher Weg, sich von Ablenkungen zu lösen.

Soziale Medien sind heutzutage eine der Hauptursachen für Ablenkungen. Sobald man die App öffnet, verschwendet man wertvolle Zeit, ohne zu merken, wie viel Zeit vergangen ist. Die Trennung von sozialen Medien und Nachrichten während der Arbeit ist sehr produktiv, da sie zu weniger Ineffizienz führt und die Aufgabe erleichtert.

Informiere deine Mitarbeiter und Kollegen im Voraus darüber, dass sie dich während der Arbeitszeit nicht stören sollen, denn das kann sehr ablenkend wirken und zu Zeitverlusten führen.

Pausen machen

Nur Arbeit und kein Spiel machen Jack zu einem langweiligen Jungen. Den ganzen Tag zu arbeiten, ohne andere Aktivitäten oder Pausen, ist stressig und führt zu Ineffizienz und geringerer Produktivität.

Kurze Pausen zwischen der Arbeit helfen dir, dich zu entspannen und Stress abzubauen. Unterhalte dich in diesen Pausen mit deinen Kollegen über nicht arbeitsbezogene Themen, höre leichte Musik und ruhe deine Augen für ein oder zwei Minuten aus.

Mache einen Spaziergang außerhalb deines Büros in der Natur. Frische Luft erfrischt dich und macht deinen Tag produktiver. Trinke ein kühles Glas Wasser, um dich zu entspannen.

Dehne deine Muskeln, vor allem die Schultern. Das Sitzen in einer einzigen Position während der Arbeitszeit führt zu Verspannungen in Schultern und Rücken.

Versuche bei der Arbeit an diesen Gewohnheiten auch, eine Aufgabe im Alleingang zu erledigen. Dies ist ein effektiver Hack, um die Konzentration aufrechtzuerhalten. Lass uns als Nächstes darüber sprechen.

Kapitel 17: Die Gewohnheit, nur eine Aufgabe zu erledigen

*"Zu jedem Zeitpunkt des Tages kannst du nur eine Sache auf einmal tun. Und je bewusster du weißt, was deine Nr. 1 ist, desto präsenter wirst du sein." - **Rob Bell**

Single-Tasking, auch Monotasking genannt, ist das Gegenteil von Multitasking. Dabei konzentriert man sich ganz auf eine einzige Aufgabe und stellt sicher, dass man alles andere auf Eis legt, bis die aktuelle Aufgabe abgeschlossen ist.

Monotasking ist äußerst effizient und produktiv, da man sich auf eine einzige Aufgabe konzentrieren kann, ohne Ablenkungen oder Nebenaufgaben, die zu Ineffizienz führen können.

Denke daran, dass Single-Tasking nicht nur am Arbeitsplatz und in Bildungseinrichtungen möglich ist. Es ist auch eine zentrale Praxis mit Freunden und geliebten Menschen in deinem Privatleben. Wenn du Zeit für deine Familie nimmst, achte darauf, dass du nicht an die Arbeit denkst oder dich darauf konzentrierst. Schenke stattdessen deiner Familie die volle Aufmerksamkeit, die sie verdient.

Einige der am häufigsten genutzten Methoden zur Steigerung des Single-Tasking sind:

Entscheide dich, eine Sache nach der anderen zu tun

Einer der Hauptgründe, warum wir Multitasking betreiben, ist, dass wir nicht entscheiden können, welcher Aufgabe wir den Vorrang geben und uns zuerst darauf konzentrieren sollen. Stattdessen kombinieren wir sie und nehmen sie alle in Angriff.

Um Multitasking zu vermeiden, solltest du stets deine Pläne und Zeitpläne für Aufgaben und Ziele überprüfen. Setze Prioritäten, indem du deine Aufgaben nummerierst und in eine Rangfolge bringst, wahrscheinlich von oben nach unten.

Überzeuge dich selbst davon, dich jeweils nur auf eine Aufgabe zu konzentrieren und an dieser zu arbeiten. Einer der Tricks, um dich mehr auf eine Aufgabe zu konzentrieren, besteht darin, sie laut auszusprechen und zu betonen: "Ja, ich muss mich nur auf Aufgabe A konzentrieren und diese erledigen."

Visualisiere dich selbst bei der Durchführung der Aufgabe.

Diese Strategie beinhaltet Bilder und Vorstellungskraft, die dir dabei helfen, dir vorzustellen, wie du die gewählte Aufgabe ausführen wirst und wie du sie erreichen möchtest.

Nachdem du dir die Aufgabe vorgestellt hast, schließe deine Augen und entspanne dich. Stelle dir vor, wie du dich auf die Aufgabe vorbereitest, indem du bei den grundlegenden Schritten beginnst, zu den komplexen Schritten übergehst und sie erfolgreich abschließt.

Sage Nein zu deinen Trieben und Versuchungen

Ablenkungen gibt es überall um uns herum, vor allem, wenn wir versuchen, uns auf unsere Arbeit zu konzentrieren. Ein Kollege, der uns anspricht, ein Handy, das klingelt, und ein Klopfen an der Tür sind einige der Aktionen, die unsere Konzentration und unseren Fokus unterbrechen.

Mit einem soliden und fokussierten Geist ist es auch eine gute Möglichkeit, sich verbal zu sagen, dass man sich konzentrieren soll. Sich selbst laut "Nein" zu sagen, wenn man Ablenkungen vermeidet, ist entscheidend dafür, dass man sich auch mal nicht ablenken lässt.

Fokus auf das Endergebnis

Wenn du dich auf eine Aufgabe konzentrierst, denke immer daran, was hier wichtig ist: das **Ergebnis**.

Wenn du das Ergebnis kennst, das du nach Abschluss einer Aufgabe erreichen wirst, wirst du konzentriert und motiviert bleiben, effizienter an der Aufgabe zu arbeiten. Denke daran, warum du an etwas arbeitest, warum ein bestimmtes Ziel so viel bedeutet und warum du ein Ziel erreichen musst. Denke an das Erreichen der Ziellinie, und du wirst genug Motivation haben, um es zu tun.

Belohne dich selbst

Nachdem du deine Aufgabe erledigt und das erwartete Ergebnis erzielt hast, ist es an der Zeit, dich zu entspannen und eine Pause einzulegen.

Wenn du bei der Arbeit bist, kannst du leichte Musik hören, deinen Social-Media-Feed durchscrollen oder dir eine Analyse des Fußballspiels ansehen, das du verpasst hast, um deine Arbeit zu erledigen. Wenn du zu Hause bist, gönne dir eine warme Mahlzeit, einen Film oder eine Fernsehsendung, die du magst, und etwas Ruhe und Frieden.

Zeitblockierung für längere Aufgaben

Zeitblockierung ist eine Technik, die deinen Tag in kleinere Zeitblöcke unterteilt. In jedem Block führst du eine bestimmte Tätigkeit/Aufgabe aus. Mit der Zeitblockierung verschwendest du weniger Zeit mit der Entscheidung, worauf du dich konzentrieren sollst, da du einen vorbereiteten Zeitplan hast.

Da die Zeitblockierung auf dem Single-Tasking aufbaut, kann sie deine Produktivität um 80 % steigern, was man von Multitasking nicht behaupten kann.

Wenn du jeden Moment deines Tages planst, kannst du dich besser auf jede Aufgabe konzentrieren, die du erledigen musst, um deine Meilensteine zu erreichen.

Zeitblöcke eignen sich am besten für vorrangige Aufgaben, die mehr Zeit benötigen. Zeitblockierung funktioniert auch gut für kleine Pausen während des Tages.

Kommen wir nun zu den nächsten Gewohnheiten, mit denen du deine Produktivität steigern kannst.

Kapitel 18: Die Lerngewohnheit

*"Ich bin immer bereit zu lernen, auch wenn ich nicht immer gerne belehrt werde". - **Winston Churchill***

Man lernt nie aus, egal ob man Schüler ist oder eine Vollzeitbeschäftigung ausübt.

Man wacht nicht eines Tages auf und stellt fest, dass man beispielsweise die Kunst des Programmierens beherrscht. Lernen beginnt mit kleinen, kontinuierlichen Schritten, die man täglich macht, damit etwas zur Gewohnheit wird. Deshalb muss man sich das Lernen zur Gewohnheit machen, um immer besser zu werden.

Die Gewohnheit des Lernens ermöglicht uns eine offenere Denkweise. Dies ermöglicht es uns, eine bessere Version von uns selbst zu sein, indem wir ständig lernen. Durch ständiges Lernen können wir wertvoll bleiben und unser Fachwissen aufrechterhalten.

Trotz unserer Bereitschaft zu lernen, lassen uns die hektischen Anforderungen in der Schule und im Büro kaum Zeit, um etwas Neues zu lernen.

Du kannst die Gewohnheit entwickeln, effektiv zu lernen, indem du die folgenden Mikrogewohnheiten anwendest:

Lege in deiner täglichen Zielliste eine Lernzeit fest

Wenn du eine Liste der Errungenschaften erstellt hast, die du erreichen möchtest, um deine täglichen Ziele zu verwirklichen, solltest du eine weitere Liste mit der Überschrift "Lernfähigkeit" hinzufügen.

Nimm jede Fähigkeit auf, die du schon immer lernen wolltest. Der erste Schritt bei jedem Lernen ist die Absicht, es zu tun. Wissen ist nur dann wirksam, wenn dein Geist und dein Körper dazu bereit sind.

Wenn du dich entschieden hast, ist der nächste wichtige Schritt die Entscheidung über die richtige Zeit zum Lernen und Üben. Manche Lernaufgaben, wie das Erlernen einer neuen Sprache, erfordern bis zu einer Stunde täglicher Routine. Für einige geringfügige Fertigkeiten kannst du jedoch 20-30 Minuten deiner Zeit aufwenden, was leicht zu bewerkstelligen ist.

Wenn du dir täglich die Zeit nimmst, etwas Neues zu lernen, kannst du effektiv lernen. Wie du weißt, solltest du Lücken und Ablenkungen vermeiden, denn sie schaden unseren Lerngewohnheiten.

Erstelle einen wöchentlichen Lernplan mit den Dingen, die du in den nächsten sieben Tagen lernen willst

Nachdem du dich nun für eine Fähigkeit entschieden hast, ist es an der Zeit, die Komponenten zu planen, die du üben musst, um effektiv zu lernen.

Wenn es darum geht, ein neues Kochrezept zu lernen, musst du zunächst alle Zutaten zusammensuchen. Für eine Pizza zum Beispiel brauchst du Teig, Hefe, Käse, Tomaten usw. als Zutaten. Ein Ofen, in dem sie gebacken werden kann, ist eine weitere Voraussetzung.

Die Zutaten in der richtigen Menge zu besorgen, ist einer der wichtigsten Teile beim Erlernen eines neuen Rezepts. Danach folgen das Mischen, Ruhen und Kochen.

Lass dich nicht entmutigen, wenn du es beim ersten Mal nicht schaffst. Auch wenn es wie ein Klischee klingt: Scheitern ist immer ein wichtiger Schlüssel zum Erfolg.

Einen Blog schreiben

Das Bloggen hat sich in den letzten zehn Jahren zum Mainstream entwickelt. Beim Schreiben eines Blogs geht es mehr darum, das richtige Publikum zu finden, als einen Artikel zu schreiben. Bevor du mit dem Schreiben beginnst, musst du das Publikum kennen, das du ansprechen möchtest. Ist dieses Publikum bereit, die verschiedenen Seiten der Geschichte zu sehen? Wird der Artikel bei ihnen Anklang finden?

Aufgrund der immensen Sättigung in der Blogging-Community ist es am besten, wenn du zunächst deine Konkurrenten kennenlernst. Es lohnt sich, deine Konkurrenten zu kennen, denn du kannst die

Strategien und Blickwinkel analysieren, mit denen sie ihr Publikum in ihren Bann gezogen haben.

Die Auswahl der zu behandelnden Themen ist schwierig, da die Informationen im Internet und in den Nachrichtensendungen leicht zugänglich sind. Die Wahl eines einzigartigen und andersartigen Falles ist die Herausforderung, der sich die meisten Autoren stellen.

Nachdem du alle Voraussetzungen erfüllt hast, musst du mit dem Schreiben beginnen. Wirst du professionell, formell oder informell schreiben? Diese Punkte vor jedem Artikel zu klären, ist für einen Blogautor von größter Bedeutung.

Wenn du eine neue Übung erlernen willst, ist der erste Schritt die Kontaktaufnahme mit deinem Trainer. Da das Training einen großen Einfluss auf deinen Körper hat, solltest du es mit großer Präzision durchführen.

Nachdem du mit deinem Trainer darüber gesprochen hast, ist es hilfreich, sich Videos über die Übung anzusehen, da sie verschiedene Blickwinkel und Techniken zum Üben und Erlernen des Trainings zeigen.

Fünf Tage pro Woche reichen aus, um das neue Training zu erlernen und zu perfektionieren. Das Üben einer neuen Bewegung würde etwa 10-15 Minuten deiner gesamten Trainingszeit in Anspruch nehmen.

Das Erlernen einer neuen Sprache würde jedoch mehr Zeit in Anspruch nehmen als andere Fähigkeiten. Das Erlernen einer neuen Sprache dauert etwa 12 bis 18 Monate.

Zum Glück gibt es heute viele Möglichkeiten, eine neue Sprache zu lernen. Heute gibt es Online-Kurse, Anwendungen für Mobiltelefone, Schulkurse und Bücher, in denen man eine bestimmte Sprache lernt.

Das Wichtigste beim Erlernen einer neuen Sprache ist es, sich Ziele zu setzen, da es sonst schwierig ist, den eigenen Erfolg zu messen. Zu diesen Zielen gehört zum Beispiel das türkische Alphabet, das du in dieser Woche lernen musst.

Um eine neue Sprache zu lernen, musst du immer mit dem Alphabet, der Umgangssprache und den wichtigsten Wörtern beginnen, bevor du zu Sätzen und richtigem Lesen übergehst. Was auch immer du lernen willst, beginne bei Null und arbeite dich langsam nach oben.

Teil 6: Wohlstandsgewo hnheiten

Kapitel 19: Die Entrümpelungsgewohnheit

"Der erste Schritt, um das Leben zu gestalten, das du willst, ist, alles loszuwerden, was du nicht willst." - **Joshua Becker**

Unordnung entsteht, wenn wir bei der Arbeit zu gestresst oder zu faul sind, unseren Raum aufzuräumen. Wir stapeln Bücher, Papiere und nutzlose Dokumente auf einen Haufen, bis es fast unmöglich ist, ein hilfreiches Dokument zur richtigen Zeit zu finden.

Entrümpeln bedeutet einfach, dass du unnötige Gegenstände von deinem Schreibtisch oder Arbeitsplatz entfernst, damit dein Arbeitsplatz aufgeräumt und professionell aussieht. Entrümpeln hat auch unzählige andere Vorteile, über die wir weiter unten sprechen werden.

Unordnung führt zu Desorganisation, die das Gefühl hervorrufen kann, "die Kontrolle über das Leben zu verlieren". Unordnung kann sich auch auf die körperliche Gesundheit auswirken, da Stapel von Gegenständen viel Staub aufwirbeln, was oft zu Stauballergien oder schlimmeren Erkrankungen führt.

Andererseits stärkt das Entrümpeln dein Selbstvertrauen und dein Selbstwertgefühl, da du dein Leben in kleinen, notwendigen Schritten organisieren kannst. Da alles organisiert und an seinem Platz aufbewahrt wird, sind die Chancen für verstaubte Gegenstände gering.

Schauen wir uns nun die Gewohnheiten an, die du aufbauen kannst, um mit dem Entrümpeln zu beginnen.

Einer rein, einer raus

Dies ist wahrscheinlich einer der ungewöhnlichsten, aber hilfreichsten Tipps zum Entrümpeln. Es ist ganz einfach: Wann immer du etwas Neues nach Hause bringst, gib das Alte weg.

So hart es auch klingen mag, es bedeutet nicht, dass du dich von wertvollen Besitztümern trennen musst. Wir haben zahllose Kleidungsstücke in unseren Schränken, die wir schon seit Ewigkeiten nicht mehr gesehen haben, die aber trotzdem vor sich hinstauben. Wenn du sie weggeben und dir ein neues Kleidungsstück zulegen würdest, würdest du von deinem Stauraum profitieren.

Um etwas wegzugeben, das man schon lange besitzt, musst du dich selbst davon überzeugen: "Ja, ich tue das Richtige. Ich brauche es wirklich nicht mehr". Danach gehst du die Sachen durch und suchst die Dinge heraus, die du in letzter Zeit oder, sagen wir, im letzten halben Jahr nicht benutzt hast. Stecke sie in einen Beutel und entsorge sie.

15 Minuten pro Tag, sechs Tage die Woche, um die Unordnung zu beseitigen

Wenn du endlich feststellst, dass das Durcheinander auf deinem Schreibtisch die Arbeit erschwert, ist es an der Zeit, es mit einem entspannten und ruhigen Kopf anzugehen. Es ist wichtig zu wissen, dass nicht alles in den Papierkorb wandern sollte. Vielleicht gibt es wichtige Dokumente und Gegenstände, die du in Zukunft brauchst.

Um effizient zu entrümpeln, solltest du nicht mehr als 15 Minuten pro Tag dafür aufwenden. Prüfe gründlich, welche Dokumente du vernichten kannst und welche du noch brauchst.

Wirf einige Gegenstände pro Tag weg, 6 Tage pro Woche

Nachdem du das Wesentliche beiseitegelegt hast, z. B. deine Kleidung, ist es an der Zeit, die alten Sachen loszuwerden.

Normalerweise haben wir Stapel von Kleidung, die wir nicht mehr brauchen. Vielleicht sind wir aus ihnen herausgewachsen, oder sie sind aus der Mode gekommen. In jedem Fall ist es an der Zeit, sie loszuwerden.

Etwas loszuwerden bedeutet jedoch nicht, es in den Müll zu werfen. Du kannst Dinge, die du nicht mehr brauchst, spenden. Aus alten Kleidern kannst du Staubtücher machen oder sie auf andere Weise produktiv einsetzen, z. B. um Nähen zu lernen. Andererseits kannst du alle Dokumente, die du im Büro nicht mehr benötigst, in ihren Ordner legen oder schreddern.

Jedes Wochenende einen Stapel aufräumen, bis er verschwunden ist

Entrümpeln unter der Woche kann eine gewaltige Aufgabe sein, auch wenn sie klein und überschaubar erscheint. Zu Hause haben wir unzählige Stapel von Unordnung. Wahrscheinlich einen für jedes Zimmer und solche jeder Art. Kleidung, Bücher, Papiere, Schreibwaren, Küchenutensilien, usw.

Nimm dir an den Wochenenden etwas Zeit, um einen Stapel nach dem anderen zu entrümpeln. Beginne mit den Dingen, die am wenigsten Zeit in Anspruch nehmen. Wenn du diese Aufgabe erledigt hast, wirst du motiviert sein, am nächsten Wochenende mehr zu tun, und ehe du dich versiehst, ist dein Haus aufgeräumt.

Nach dem Essen 15 Minuten lang aufräumen

Nach dem Abendessen solltest du dich noch nicht auf die Couch legen. Du kannst noch ein wenig produktiver sein, bevor du dich für den Tag zurückziehst.

So anstrengend es auch klingen mag, versuche gleich nach dem Abendessen aufzuräumen. Wähle den am leichtesten zugänglichen Stapel zum Entrümpeln und sortiere ihn nicht länger als 15 Minuten. So hast du am Ende des Tages ein Erfolgserlebnis, und dein Arbeitspensum für den kommenden Tag und das Wochenende verringert sich um einen Stapel.

Niemals einen Raum mit leeren Händen verlassen

Eine Grundregel, die beim Entrümpeln helfen kann, ist, einen Raum nie mit leeren Händen zu verlassen. Regelmäßig Dinge aus dem Zimmer wieder dorthin zu bringen, wo sie hingehören, ist ein guter Weg, um sicherzustellen, dass sich die Unordnung nicht wieder stapelt.

Es ist sowohl effizient als auch hilfreich, ein oder zwei Gegenstände aus dem Esszimmer zu nehmen und sie auf dem Weg in die Küche zurückzubringen. Wenn du von der Küche in dein Zimmer gehst, nimm deine Uhr mit und bringe sie zurück in dein Zimmer.

Diese Angewohnheit ist nicht für jeden selbstverständlich und kann einige Zeit in Anspruch nehmen. Nur Geduld und Entschlossenheit, den Raum nicht mit leeren Händen zu verlassen, werden dazu beitragen, dass diese Gewohnheit dauerhaft wird.

Lege die Dinge sofort zurück, wenn du sie nicht mehr brauchst

Nachdem du einen Gegenstand benutzt hast, lass ihn bitte nicht herumliegen. Das wäre nur eine Ausrede, um andere Dinge dort abzulegen, wenn du sie nicht mehr brauchst, was schnell zu Unordnung und Durcheinander führt.

Lege den Gegenstand sofort nach der Benutzung wieder an seinen Platz zurück. Wenn du zum Beispiel das Ladegerät deines Telefons wieder an seinen gewohnten Platz legst, kannst du es bei der nächsten Benutzung schnell wiederfinden. Es entsteht kein Durcheinander, weil alles an seinem vorgesehenen Platz liegt.

Setze dir ein regelmäßiges Spendenziel

Nachdem du beschlossen hast, den Stapel in deinem Zimmer zu entrümpeln, packe die zu verschenkenden Gegenstände in Kartons und Müllsäcke.

Nachdem du jedes Wochenende aufgeräumt hast, mache einen Abstecher zum Spendenzentrum und verschenke all die überflüssigen Dinge, die du ausgeräumt hast und die noch für andere nützlich sein können.

Diese Art der Entrümpelung ist eine schnelle und einfache Methode, um deine alten Sachen produktiv loszuwerden. Außerdem macht es dich glücklich zu sehen, dass andere Menschen die Dinge zu schätzen wissen, die du und deine Familie nicht mehr brauchen.

Du schaffst Platz für Dinge, die du wirklich magst, indem du unerwünschte, gebrauchte, alte und bedeutungslose Dinge aus deiner Wohnung entfernst.

Außerdem verringert diese Art der Entrümpelung auch deine geistige Unordnung und deinen Stress. Dadurch fällt es dir leichter, dich auf Ideen, Perspektiven und Aktivitäten zu konzentrieren, die dir helfen, dein Vermögen zu vermehren.

Kapitel 20: Die Gewohnheit, Geld zu budgetieren (Ausgaben verfolgen)

"Wenn man in großen Dingen Spitzenleistungen erreichen will, muss man es sich in kleinen Dingen zur Gewohnheit machen. Exzellenz ist keine Ausnahme, sondern eine vorherrschende Einstellung." **- Colin Powell**

Man wird nicht reicher, indem man sich vorstellt, mehr Geld zu haben. Der Aufbau von Haushaltsgewohnheiten ist eine der vielen Möglichkeiten, mit der Zeit reicher zu werden. Die Aufstellung eines Budgets ermöglicht es dir, dein Geld klug auszugeben, deine Ausgaben zu verwalten und deine Ersparnisse zu erhöhen. Später musst du diese Ersparnisse in ein profitables Geschäft oder eine Einkommensquelle investieren, um dein Geld weiter zu vermehren.

Die Budgetierung mag wie eine schwierige Aufgabe erscheinen, aber wir haben ein paar kleine Gewohnheiten, die dir helfen, nicht mehr von einem Gehaltsscheck zum nächsten zu leben.

Erstelle ein monatliches Geldbudget

Wenn du kein Budget hast, weißt du nicht, wie viel du ausgeben solltest und wie viel du vernünftigerweise ausgeben kannst. Eine Budgetplanung hilft dir, die finanziellen Grenzen zu erkennen, die du nicht überschreiten darfst und musst.

- Beginne damit, deine Grundbedürfnisse und absoluten Notwendigkeiten zu ermitteln.

- Notiere Grundbedürfnisse und Notwendigkeiten wie Lebensmittel, Versorgungsleistungen, Rechnungen, Miete und andere wichtige Ausgaben, die du jeden Monat hast und auf die du auf keinen Fall verzichten kannst.

- Lege einen Flexibilitätsspielraum von etwa 100, 300 oder 500 Euro für alle Eventualitäten zurück.

- Zähle die Zahlen zusammen. Das Ergebnis sind die Ausgaben, die du unbedingt tätigen musst.

- Stelle ein monatliches Budget auf, das diesen Betrag abdeckt.

Verfolge deine Ausgaben

Verfolge zu Beginn und im Laufe des Monats deine Ausgaben.

- Unterteile das Monatsbudget in ein Wochenbudget.

- Jede Woche sollte ein bestimmter Geldbetrag zur Verfügung stehen.

- Behalte diese Zahl im Auge, indem du deine täglichen und wöchentlichen Ausgaben beobachtest.

Finde Wege, deine Ausgaben zu reduzieren

Es ist gar nicht so schwer, kreativ mit den eigenen Finanzen umzugehen. So wichtig die grundlegenden Ausgaben auch sind, du kannst trotzdem Wege finden, sie zu reduzieren.

Hier sind einige Ideen, die dir weiterhelfen können:

- Stelle dir ein "Euro-Glas" auf, in das du täglich einen Euro einwirfst. Es scheint nicht einfach zu sein, sofort 100 Euro beiseitezulegen, aber wenn du jeden Tag einen Euro in das Glas wirfst, hast du in weniger als vier Monaten 100 Euro gespart. Gar keine schlechte Idee, oder?

- Kaufe häufig verwendete Artikel wie Lebensmittel und Haushaltswaren in großen Mengen. Anstatt eine Rolle Toilettenpapier zu kaufen, solltest du eine 6er-Packung kaufen. So sparst du Geld und eine Menge Arbeit.

- Schalte zusätzliche Lichter in den Zimmern aus, und lass den Wasserhahn nicht laufen, wenn du ihn nicht benutzt. Mit diesen guten Tipps sparst du Energie und senkst deine Rechnungen beträchtlich.

- Vermeide häufige Essensbestellungen und bereite deine Mahlzeiten zu Hause zu. Selbstgekochte Mahlzeiten sind gesünder und schonen auch den Geldbeutel.

- Jedes Mal, wenn du den Drang verspürst, etwas Teures zu kaufen, leg das Geld beiseite. Angenommen, du hast im Einkaufszentrum ein Auge auf eine Sonnenbrille im Wert von 150 Euro geworfen. Wenn du nicht so knapp bei Kasse wärst, hättest du sie vielleicht gekauft. Warum legst du die 150 Euro nicht beiseite und sparst sie jetzt?

Suche auch nach interessanten Möglichkeiten, jeden Monat ein paar hundert Euro zu sparen. Das Setzen von Sparzielen kann sich als äußerst hilfreich erweisen.

Sparziele aus dem Budget festlegen

Wie bei allen anderen Gewohnheiten auch, kann man etwas erreichen, wenn man sich ein klares Ziel setzt, auf das man sich konzentriert. Lege einige Sparziele für dein Budget fest, um wie ein Profi zu sparen.

- Überlege dir einen Betrag, den du in deinem Budget einsparen möchtest.

- Es ist besser, einen genauen Betrag festzulegen, als vage zu denken: "Ich möchte ein paar hundert Euro sparen." Denke über dein Budget nach und überlege, wie viel du bequem sparen kannst, und schreibe diese Zahl auf.

- Entwickle eine Absicht, die sich auf diesen Betrag konzentriert. Die Entscheidung sollte prägnant, positiv und auf die Gegenwart ausgerichtet sein. Du kannst zum Beispiel sagen: "Ich werde im Mai

2022 200 Euro sparen." Dieses klare Ziel ist sehr positiv und zeigt, dass du daran arbeitest, Geld zu sparen. Der menschliche Verstand akzeptiert, was man ihm vorsetzt; wenn du ihm sagst, dass du jetzt in der Gegenwart Geld sparst, glaubt er es.

Wenn du anfängst, mehr zu sparen, wird dein Vermögen allmählich wachsen und dir viel finanzielle Freiheit geben.

Gewohnheit des Engagements für hohe Leistungen

*"Du bist der Durchschnitt der fünf Menschen, mit denen du die meiste Zeit verbringst." - **Jim Rohn***

Die Menschen, mit denen du dich umgibst, haben Einfluss auf deine Einstellung, dein Verhalten und deinen Lebensstil. Wenn du zwei Wochen lang Zeit mit einem Fitnessbegeisterten verbringst, bekommst du vielleicht nicht sofort ein Sixpack, aber du wirst den Eifer finden, öfter ins Fitnessstudio zu gehen.

Um also produktiver zu werden und deine Ziele zu erreichen, musst du dir ein "Hochleistungsengagement" angewöhnen. Damit ist gemeint, dass du mehr Zeit mit Leistungsträgern verbringst, die das, was du im Leben erreichen willst, immer wieder erreichen oder erreicht haben.

- Um wohlhabender zu werden, suche dir einige reiche und einflussreiche Menschen in deinem sozialen Umfeld.

- Überlege dir, wie du mit diesen Menschen interagieren möchtest und welche Art von Beziehung du zu ihnen aufbauen möchtest. Sobald du das herausgefunden hast, gehe auf diese Menschen zu.

- Wenn du Zeit mit ihnen verbringst, stelle ihnen Fragen zu deinen Lebenszielen und zu allen vermögensbezogenen Fragen, die du hast. Wenn du Schwierigkeiten hast, über deine Marketingagentur Geld zu verdienen, wende dich an einen Marketingspezialisten und frage ihn, wie du die Lücken füllen kannst.

- Sei offen für Vorschläge und Anregungen von den Leistungsträgern in deinem Bekanntenkreis.

- Sobald du mehr Feedback und Ideen von ihnen erhalten hast, setze sie um. Nur wenn du neue Dinge ausprobierst, kannst du erste Ergebnisse erzielen.

Ein Ratschlag, den viele Leistungsträger, vor allem die wohlhabenden, häufig geben, ist die Reinvestition des Geldes in ein profitables Unternehmen oder eine Einkommensquelle. Diese Gewohnheit musst du dir jetzt, da du wohlhabender werden willst - und ein paar Ersparnisse hast - angewöhnen.

Investieren und Reinvestieren deiner Gelder

Geld wächst nicht von selbst. Du musst es wachsen lassen. Um einen Samen zu einer Pflanze zu entwickeln, musst du ihn nähren. In ähnlicher Weise musst du dein Geld wachsen lassen, wenn du es um ein Vielfaches vermehren willst, indem du es in verschiedene Anlagemöglichkeiten investierst und wieder anlegst.

Ein diversifiziertes Portfolio mit Anlagen in Aktien, Anleihen, Unternehmen, Immobilien, verschiedenen Finanzinstrumenten usw. ist unerlässlich. Natürlich ist es am besten, klein anzufangen, aber es ist wichtig, diesen ersten Schritt zu tun. Wenn du anfängst, mehr zu sparen, investiere jeden Monat 10 % deines Geldes in irgendeine Art von Anlage, um dein Geld schrittweise zu vermehren.

Durchführung der Strategie

Bei Wohlstandsgewohnheiten musst du auch auf die Dauer, den besten Zeitpunkt, wichtige Erkenntnisse und die Durchführungsstrategie achten, um die beste Art und Weise zu bestimmen, wie du diese Praktiken anwendest.

Um dir beim Aufbau langfristiger Gewohnheiten zu helfen, hier eine Strategie, mit der du die in diesem Teil des Buches besprochenen Wohlstandsgewohnheiten kombinieren kannst.

- Beginne deinen Tag damit, deinen Esstisch oder deine Küche zu entrümpeln. Nehme dir dafür nicht mehr als 5 Minuten Zeit.

- Gehe deine monatlichen und wöchentlichen Budgets für den Tag durch.

- Überprüfe, wo du einen Teil deines Geldes investieren kannst.

- Mache eine 10-minütige Entrümpelungspause, um am Ende des Tages ein paar nutzlose Dinge wegzuwerfen.

- Analysiere deine Spar- und Investitionsprojekte, bevor du dich am Ende des Tages ins Bett legst.

Nachdem du deine Vermögensziele wieder auf Kurs gebracht hast, konzentrieren wir uns im nächsten Abschnitt auf deine ...

Gewohnheiten für persönliches Wachstum.

Teil 7: Gewohnheiten für persönliches Wachstum

"Du wirst dein Leben nie ändern, solange du nicht etwas änderst, was du täglich tust. Das Geheimnis deines Erfolgs liegt in deiner täglichen Routine."

- John C. Maxwell

Gewohnheiten für persönliches Wachstum: Einführung

"Wenn dein Mitgefühl dich selbst nicht einschließt, ist es unvollständig." - **Jack Kornfield**

Wir alle versuchen, anderen gegenüber mitfühlend zu sein. Dabei vergessen wir oft, freundlich zu uns selbst zu sein. Dein persönliches Wachstum hängt davon ab, dass du freundlich, nett und respektvoll zu dir selbst bist.

Bei der persönlichen Entwicklung geht es um Selbstentfaltung und Selbstverbesserung. Du musst an deiner Persönlichkeit arbeiten, um deine Ziele zu erreichen, finanziell erfolgreich zu sein, die Erfolgsleiter kontinuierlich zu erklimmen und die beste Version deiner selbst zu sein.

Eine faule, emotional schwache, ängstliche und gestresste Person, der es an Selbstvertrauen mangelt, wird sich schwertun, Ziele zu setzen und sie zu verwirklichen. Starken, zuversichtlichen, mutigen und positiven Menschen fällt es dagegen leichter, ihre Ziele zu verwirklichen, weil sie Draufgänger sind. Diese Einstellung kommt nicht von allein. Ja, man bekommt sie von seinem Umfeld vermittelt, aber man kann sie auch selbst formen. Gewohnheiten, die sich um persönliches Wachstum drehen, helfen dir, diese Tugenden zu entwickeln.

In diesem Teil des Buches wollen wir mehr über diese Gewohnheiten sprechen.

Kapitel 21: Die Gewohnheit der Selbstfürsorge

"Vergiss die Inspiration. Die Gewohnheit ist verlässlicher. Die Gewohnheit wird dich unterstützen, ob du inspiriert bist oder nicht."
- Octavia Butler

Bei der Selbstfürsorge geht es darum, sich um deine Gesundheit und dein Wohlbefinden zu kümmern. In einem früheren Teil des Buches haben wir einige wichtige Gewohnheiten der Selbstfürsorge besprochen. Da wir uns jetzt mit persönlichem Wachstum befassen, ist es sinnvoll, noch einmal aus einem anderen Blickwinkel über Selbstfürsorge zu sprechen.

Viele von uns sind es gewohnt, sich nicht um sich selbst zu kümmern. Wir vergessen immer wieder unsere eigenen Bedürfnisse, unsere Gesundheit, unser Wohlbefinden und unsere Entwicklung. Deshalb ist es wichtig, die Bedeutung von Gewohnheiten der Selbstfürsorge zu betonen.

Ein müder Körper und ein müder Geist können nicht die Extrameile laufen. Ähnlich verhält es sich, wenn man sich die längste Zeit nicht um seine Seele gekümmert hat, dann verliert man den Eifer und die Lust, sich um eine Verbesserung im Leben zu bemühen.

Lass uns das heute zum Besseren wenden. Fangen wir an, uns mehr um uns selbst zu kümmern. Lass uns an unserem Selbstvertrauen und unserem Wohlbefinden arbeiten. Lass uns die Gewohnheiten der Selbstfürsorge entwickeln, die uns helfen, diese Ziele zu erreichen.

Gehe laufen oder leicht joggen

Bewegung fördert die Produktion von stimmungsaufhellenden Hormonen wie Dopamin und Serotonin in deinem Körper, die deine Laune heben. Widme jeden Tag, oder wenn nicht sieben Tage in der Woche, dann zumindest 3 bis 5 Tage in der Woche, 10 bis 15 Minuten einem leichten Jogging oder Lauf. Gehe auf die Straße, laufe um den Block und lasse dich von der frischen Luft einlullen.

Mache eine Pause, wenn du sie brauchst

Wir arbeiten hart und arbeiten dann noch mehr. Inmitten dieses Prozesses vergessen wir, dass wir hin und wieder eine Pause brauchen. Du hast gelernt, zu meditieren und deine Denkweise zu überprüfen. Diese Gewohnheiten helfen dir, dich auf deine Gefühle einzustimmen und eine Bilanz deiner Emotionen zu ziehen.

Wenn du dich überfordert fühlst und eine Pause brauchst, nimm sie dir. Stelle dein Bedürfnis nach Entspannung nicht infrage, auch nicht für ein bisschen. Ruhe dich eine Stunde lang aus, mache ein 40-minütiges Nickerchen und höre auf, am Computer zu arbeiten, wenn du dich chaotisch fühlst. Gönn dir eine

Pause, um deinen Geist zu verjüngen; du hast es verdient.

Finde heraus, was du liebst

Wir haben uns damit befasst, wie du tiefgründig denkst, dich selbst kennst und Zeit mit dir selbst verbringst. Diese Gewohnheiten helfen dir herauszufinden, was du im Leben liebst und wofür du dich begeisterst. Schreibe in dein Tagebuch, was du gerne tust, welche Ideen dich begeistern und was du liebst, und nutze diese Informationen.

Widme dir jeden Tag mindestens 30 Minuten, wenn nicht mehr, den Dingen, die du liebst. Du könntest tanzen, deine Lieblingssongs hören, kochen oder eine Runde um den Block radeln. Lege außerdem wöchentliche Rituale fest, die sich um dich selbst drehen. Freitags könntest du zum Beispiel einen Wellness-Tag einlegen, samstags einen Zumba-Tag und montags mit Freunden Brötchen backen.

Wähle, mit wem du Zeit verbringst

Dies ist eine Fortsetzung der Gewohnheit "Zeit mit Leistungsträgern verbringen", die im letzten Teil des Buches besprochen wurde. Wenn du entscheidest, mit welchen Menschen du Zeit verbringst, wähle die positiven, glücklichen, unterstützenden und mitfühlenden Menschen. Sei mit denen zusammen, die dich aufbauen, und nicht mit denen, die Wege finden, dich zu brechen.

Mindestens einmal am Tag herzhaft lachen

Ein herzhaftes Lachen lässt dich deinen Kummer vergessen. Es erwärmt dein Herz und deine Seele und erhellt die Menschen um dich herum. Nimm dir jeden Tag ein paar Sekunden bis Minuten Zeit, um offen und herzlich nur für dich selbst zu lachen.

Denke an eine lustige Erinnerung aus deiner Vergangenheit, sieh dir einen Stand-up-Comedy-Clip an, spreche mit einem unterhaltsamen Freund oder zwinge dich selbst, ohne jeden Grund zu lachen, wenn nichts funktioniert. Diese Übung mag anfangs seltsam erscheinen, aber du wirst ein inneres Licht und Ruhe spüren, sobald du es tust. Mit der Zeit wirst du feststellen, dass dein Stresslevel um ein Vielfaches sinkt, was dir hilft, härter und besser zu arbeiten.

Esse täglich grün

Grünes Gemüse und Obst enthalten Antioxidantien, Mineralien, Vitamine, Ballaststoffe und andere gesunde Elemente, die dich beweglich, stark, gesund und lebendig halten. Nimm täglich ein oder zwei frische, grüne Gemüsesorten in deinen Speiseplan auf.

Decke dich mit Gurken, Paprika, Bohnensprossen, Grünkohl, Spinat, Äpfeln und grünem Obst und Gemüse ein. Du kannst daraus Salate machen, Smoothies zubereiten, sie anbraten, sie als Beilage zu Steaks und Reis essen oder sie einfach roh verzehren.

Emotionales Essen vermeiden

Viele von uns machen sich des Stressessens schuldig. Wenn etwas schief geht, versuchen wir, dieses schreckliche Gefühl mit Kuchen, Pizza und noch mehr Essen zu verdrängen, von denen viele Junkfood und verarbeitete Lebensmittel sind.

Hey, es ist in Ordnung, sich ab und zu in dieser Situation zu befinden. Wir alle hatten schon einmal Stressessen, und es gibt keinen Grund, sich selbst zu verurteilen. Dennoch sollte emotionales Essen nur ein seltenes Ereignis in deinem Leben sein. Wenn es zur Norm wird, stört es deinen Darm, macht dich ungesund, führt zu Gewichtsmanagementproblemen und bringt deinen Cholesterinspiegel aus dem Gleichgewicht.

Um emotionales Essen zu vermeiden, kannst du Folgendes tun:

- Übe jedes Mal tiefes Atmen, wenn du spürst, dass du von intensiven Gefühlen übermannt wirst.

- Trinke kühles Wasser, um deine Wut und deinen Stress abzubauen.

- Mache einen kurzen Spaziergang, wenn du dich seelisch belastet fühlst.

- Stelle dich auf deine Gefühle ein und rede dir das schlechte Gefühl aus, indem du dir positive Vorschläge machst.

- Sprich mit einem hilfsbereiten Freund, der dir helfen kann, dich besser zu fühlen.

- Sieh dir etwas Aufmunterndes, Lustiges und Fröhliches an.

- Wenn du bei Stress Lust auf etwas zu essen hast, solltest du dunkle Schokolade zu Hause haben und einen Bissen davon nehmen, wenn dir die besprochenen Ideen nicht helfen, deinen Stress zu bewältigen. Dunkle Schokolade ist reich an Eiweiß, Ballaststoffen, Eisen, Magnesium und Kohlenhydraten. Sie ist gut für deine Gesundheit und dein geistiges Wohlbefinden, und wenn du jeden Tag ein bisschen davon isst, schadet das deiner Gesundheit nicht.

Fange an, an diesen Ideen zu arbeiten, und sag dir immer wieder, dass du ruhig und glücklich bist und deine Gefühle unter Kontrolle hast.

Grenzen im Umgang mit Technologie und Medien setzen

Die Technologie ist hervorragend, und die sozialen Medien sind sehr unterhaltsam und hilfreich. Doch zu viel von allem ist nie gesund. Lange Zeiten, in denen du digitale Technologien nutzt und in sozialen Medien surfst, beeinträchtigen deine Produktivität, Konzentration und Leistung bei der Arbeit. Außerdem stören die blauen Strahlen, die von Bildschirmen ausgehen, deinen zirkadianen Rhythmus (die innere Uhr deines Körpers, die den Schlaf und andere

Körperfunktionen steuert), was zu Schlafstörungen führt.

Was solltest du tun? Fang an, der Technologie und den Medien Grenzen zu setzen:

- Schalte die Benachrichtigungen für Social-Media-Apps aus, um sicherzustellen, dass du nicht immer wieder zu diesen Apps hingezogen wirst.

- Schau morgens nur auf dein Telefon, um den Wecker auszuschalten, ggf. neue Erinnerungen einzustellen und deinen Tagesplan zu überprüfen, wenn du ihn auf deinem Telefon notiert hast.

- Nimm dir 10 Minuten am Tag Zeit, um Nachrichten, Anrufe und E-Mails zu überprüfen und zu beantworten. Du kannst zwei bis drei dieser Zeiträume über den Tag verteilt einrichten.

- Nutze soziale Medien, Apps und ähnliche Websites/Apps nur zweimal täglich für 30 Minuten. Wenn du dir ein Zeitlimit für die Nutzung sozialer Medien, das Abrufen von E-Mails usw. setzt, halte dich strikt an diese Zeit.

- Lass dein Telefon, deinen Laptop und andere Geräte zu Hause.

Setze dir, wie bei anderen Gewohnheiten auch, Erinnerungshilfen, um dich an diese Praktiken zu halten.

Ein Tagebuch beginnen

An verschiedenen Stellen in diesem Buch wurdest du aufgefordert, deine Fortschritte in einem Tagebuch festzuhalten. Wenn du damit bereits begonnen hast, hast du ein Tagebuch. Jetzt ist es an der Zeit, damit weiterzumachen und es zu einer lebenslangen Praxis zu machen.

Am besten ist es, ein Tagebuch mit mehreren Abschnitten zu führen, die du verschiedenen Bereichen deines Lebens widmen kannst. Notiere die Gewohnheiten in jedem Bereich und deine Fortschritte darin.

Entwickle eine tägliche Routine zur Selbstfürsorge

Selbstfürsorge sollte eine tägliche Praxis sein und nicht nur ein wöchentliches, zweimonatliches, monatliches oder sogar jährliches Ereignis. Es geht darum, für dich selbst zu sorgen und sicherzustellen, dass du gesund und glücklich bleibst. Hier ist eine Idee für eine Selbstfürsorge-Routine, die dir helfen kann:

- Dusche am frühen Morgen.

- Kleide dich gut und ziehe deine besten Klamotten an.

- Achte auf ein gesundes Frühstück.

- Nimm einige gesunde Snacks wie Obst, Salate, Nüsse und Samen mit, die du tagsüber essen kannst.

- Versorge deine Haut täglich mit Feuchtigkeit - das gilt auch für Männer.

- Trainiere tagsüber.

- Stell ein DIY-Gesichtspeeling her und trag es vor dem Schlafengehen auf dein Gesicht auf.

- Wenn du von der Arbeit nach Hause kommst, nimm eine Dusche, um dich zu entspannen und deine gestressten Nerven zu beruhigen.

Als wöchentliche Rituale kannst du Massagen, Wellnesstage, Maniküre, Pediküre und andere Selbstpflegemaßnahmen in diese Routine aufnehmen.

Wenn du daran arbeitest, dich selbst zu pflegen, wird es dir leichter fallen, an dich selbst zu glauben und so dein Selbstvertrauen zu stärken. Im nächsten Kapitel findest du weitere kleine Gewohnheiten, mit denen du dein Selbstvertrauen aufbauen kannst.

Kapitel 22: Die Gewohnheit des Vertrauens

"Dein Erfolg wird von deinem Selbstvertrauen und deiner Stärke abhängen." - **Michelle Obama**

Dein Selbstvertrauen ist die beste Zierde, die du je tragen kannst. Die Ausstrahlung und Eleganz, die es deiner Persönlichkeit verleiht, sind einfach magisch. Es prägt die Art und Weise, wie du dich verhältst, wie du mit anderen interagierst und wie du dich anderen gegenüber präsentierst. Je selbstbewusster du bist und dich verhältst, desto mehr ziehst du andere auf dich. Dein Selbstvertrauen macht dich zu einem Magneten für andere und spielt eine große Rolle für deinen Erfolg bei verschiedenen Unternehmungen.

Wir möchten dir einige Gewohnheiten vorstellen, die dein Selbstvertrauen stärken.

Akzeptiere deine Angst, anstatt vor ihr wegzulaufen

Angst ist nichts anderes als eine Störung in deinem Kopf. Du denkst vielleicht, dass du etwas nicht tun kannst, nur weil du das glaubst. Du kannst dich nicht auf neue Abenteuer einlassen, wenn du deine Ängste nicht überwindest.

Um selbstbewusster zu werden, musst du deine Ängste akzeptieren und dich ihnen stellen, anstatt vor ihnen wegzulaufen. Das solltest du tun:

- Schreibe auf, wovor du Angst hast und was dich daran hindert, an dich selbst zu glauben. Wenn du zum Beispiel Angst davor hast, Hosenanzüge zu tragen, weil du denkst, du würdest hässlich aussehen, schreib das auf die Liste. Wenn du deinen Vlog erstellen willst, aber Angst hast, dass sich die Leute über dich lustig machen könnten, schreib das auf.

- Erstelle einen Schritt-für-Schritt-Plan, wie du dich dieser Angst stellen und sie bewältigen kannst. Du könntest zum Beispiel einen Vlog erstellen, indem du kurze 20-sekündige TikTok-Videos oder Videos für andere videobasierte Social-Media-Plattformen produzierst. Mach dies wöchentlich und teile es dann auf anderen sozialen Medien.

- Fang an, die Schritte zu unternehmen, um dich deinen Ängsten zu stellen.

Du kannst deinen "Verantwortlichkeits-Buddy" bitten, dich in dieser Zeit zu unterstützen und dir helfen, deine Ängste zu akzeptieren. Gib dir während des Prozesses kraftvolle Ratschläge wie "Ich schaffe das", "Ich stelle mich meinen Ängsten", "Ich akzeptiere meine Angst vor (nenne die Angst) und unternehme aktive Schritte, um sie erfolgreich zu bekämpfen" und Ähnliches.

Kommuniziere deine Bedürfnisse und Wünsche selbstbewusst

Wir bekommen oft nicht, was wir wollen, nicht weil unsere Wünsche nicht richtig sind, sondern weil wir sie nicht wirksam kommunizieren. Vertrauen bedeutet, dass du deinen Zuhörern deine Botschaft, Bedürfnisse und Wünsche selbstbewusst und korrekt vermittelst. Ob es sich nun um deine Teammitglieder, Mitarbeiter, Vorgesetzten, Familienmitglieder, Freunde oder Anhänger handelt, wenn du der Augapfel aller sein willst und gleichzeitig sicherstellen willst, dass man dir zuhört, musst du effektiv mit ihnen kommunizieren.

- Überlege, was du jemandem mitteilen möchtest, bevor du es sagst.

- Gestalte die Sätze und das gesamte Gespräch in deinem Kopf.

- Filtere alle verletzenden, harschen und unhöflichen Worte aus dem Gespräch heraus.

- Achte darauf, dass der Tonfall der Sätze klar und direkt ist.

- Bevor du sagst, was du eigentlich sagen willst, grüße die Person freundlich und halte dabei direkten Augenkontakt.

- Frage die Person nach ihrer Gesundheit und nach Ereignissen in ihrem Leben, und lenke das

Gespräch dann auf die Hauptagenda des Gesprächs.

- Sprich höflich und bestimmt, und schildere alles, was du sagen willst.

- Gib der anderen Person Zeit, über das Gespräch nachzudenken und eine fundierte Entscheidung zu treffen.

- Weiche nicht von deinem Standpunkt ab, sondern bleibe beharrlich dabei.

Befolge diese Richtlinien eine Zeit lang gewissenhaft, und schon bald wirst du den Dreh raus haben, deine Bedürfnisse und Wünsche anderen gegenüber selbstbewusst zu kommunizieren.

Triff Entscheidungen auf der Grundlage von Werten, nicht von Gefühlen

Viele von uns machen sich schuldig, auf Situationen zu reagieren und Entscheidungen aufgrund von Launen und Gefühlen zu treffen, anstatt sie sorgfältig zu überdenken. Das Problem liegt auch darin, dass wir uns über unsere Grundwerte nicht im Klaren sind und sie nicht nutzen, um ein Machtwort zu sprechen.

Besinne dich auf deine Grundwerte und stelle sicher, dass du diese mit absoluter Klarheit kennst. Vielleicht haben sich deine Ideale im Laufe der Zeit verändert, sodass es am besten ist, regelmäßig eine Bestandsaufnahme zu machen. Nutze deine

Grundwerte, um kleine und große Entscheidungen zu treffen.

Jedes Mal, wenn du eine Entscheidung treffen musst, sei es das Geschäftsmodell für dein neues Softwareunternehmen oder die Frage, ob du in einen neuen Bezirk wechseln sollst oder nicht, solltest du dich auf deine Grundwerte stützen, nicht auf deine Gefühle.

Sei nach Fehlern mitfühlend mit dir selbst

Selbstbewusst zu sein bedeutet nicht nur, durchsetzungsfähig und stark zu sein. Es geht auch darum, freundlich zu sein, vor allem zu sich selbst. Jedes Mal, wenn du strauchelst und Fehler machst - und das wirst du - denk daran, nett zu dir selbst zu sein. Wenn du nett zu dir selbst bist, hast du die Kraft, nach einem gescheiterten Versuch wieder aufzustehen und weiterzumachen, komme, was wolle.

Selbstvertrauen entsteht und wächst mit der Gewohnheit, positiv zu denken. Im nächsten Kapitel geht es um Gewohnheiten, die sich um positives Denken drehen.

Kapitel 23: Die Gewohnheiten des positiven Denkens

*"Unsere Einstellung zum Leben bestimmt die Einstellung des Lebens zu uns". - **John Mitchell***

Wenn das Leben uns Zitronen schenkt, beschweren wir uns gewöhnlich über "die Ungerechtigkeit". In diesem Moment erkennen wir nicht, dass wir das bekommen, was wir in das Universum hineingegeben haben. Bestimmte unvorhergesehene und unglückliche Ereignisse im Leben liegen außerhalb unserer Kontrolle und sind eher eine Prüfung.

Wenn du jedoch diese Ereignisse beiseite lässt und den Verlauf und die Form deines Lebens analysierst, wirst du feststellen, dass dein Leben die Summe deiner Gedanken, Überzeugungen, Einstellungen, Verhaltensweisen und Handlungen ist. Wie unser Leben mit uns umgeht, hängt ganz wesentlich von unserer Grundeinstellung ab.

Wenn wir uns zu sehr auf die negativen Dinge im Leben und all die Probleme konzentrieren, die wir erleben, bekommen wir nur noch mehr davon zurück. Wenn wir hingegen optimistisch und mutig sind, beginnen wir, diese Positivität auch in unserem Leben zu manifestieren.

Es ist wichtig, hier das universelle "Gesetz der Anziehung" zu erwähnen. Das Gesetz besagt: "Gleiches zieht Gleiches an", was bedeutet, dass du, wenn du positiv bist, Positives anziehst und Negatives ernten wirst, wenn du immer negativ bist.

Um nur die guten Dinge im Leben anzuziehen, ist eine positive Einstellung das Mindeste, was du tun kannst. Sie spielt auch eine magische Rolle bei der Entwicklung deiner Persönlichkeit.

Wir möchten dir einige positive Denkgewohnheiten vorstellen, die du übernehmen kannst.

Positive Worte verwenden

Achte beim Sprechen und Denken darauf, nur positive Worte zu verwenden. Denke nach, bevor du sprichst, und wenn du denkst, weise aktiv auf die negativ besetzten Wörter hin und ersetze sie durch positive Worte.

Streiche Wörter und Vorschläge wie "Ich kann das nicht", "Ich habe keine Lust", "Ich bin unfähig", "Ich bin inkompetent", "Ich bin miserabel" und andere ähnliche Wörter und Sätze, die ständig Probleme, Schwächen und Negativität hervorheben, aus deinem Denkprozess und deiner Sprache.

Übernimm die Kontrolle über deine Gedanken.

Übernimm bewusst die Kontrolle über deine Gedanken, indem du dich jede Stunde mit ihnen beschäftigst. Achte darauf, woran du denkst und wie sich das auf deine Stimmung, dein Verhalten und deine Handlungen auswirkt. Wenn sich ein Gedanke beunruhigend anfühlt, tausche ihn sanft gegen etwas Erfreulicheres aus.

Positives Selbstgespräch üben

Deine Selbstgespräche sind der Schlüssel zur Förderung gesunder Überzeugungen und Gedanken. Um dich gut zu fühlen und Positivität auszustrahlen, solltest du positive Selbstgespräche führen.

- Überprüfe deine Gedanken im Laufe des Tages.

- Wenn du einen beunruhigenden Gedanken bemerkst, lass die negativen und belastenden Worte weg und ersetze sie durch fröhlichere und optimistischere.

- Sag diesen Gedanken ein paar Mal, damit er sich in deinem Kopf festsetzt.

- Sag dir jedes Mal, wenn du einen Fehler machst, etwas Aufmunterndes und Ermutigendes, z. B. "Ist schon gut, versuchen wir es noch einmal".

- Wenn du etwas gut machst, würdige deine Bemühungen mit Vorschlägen wie "Gut gemacht", "Juhu! Ich habe es geschafft" und dergleichen.

Rede auf diese Weise immer wieder höflich und freundlich mit dir selbst; du wirst erstaunt sein, wie optimistisch du dich in ein paar Tagen fühlen wirst.

Dankbarkeit zeigen

Dankbarkeit ist eine Tugend, die unser Herz vor Glück anschwellen lässt und uns ein Leben in Frieden und Zufriedenheit ermöglicht. Sie ist auch eine wichtige Zutat, um einen positiven Geist zu entwickeln.

Dankbarkeit für die vielen Segnungen, auch für die Menschen in deiner Umgebung, steigert dein emotionales Wohlbefinden, und wenn du dich glücklich fühlst, denkst du auch glückliche Gedanken.

Hier erfährst du, wie du anfangen kannst, mehr Dankbarkeit zu zeigen:

- Wenn du aufwachst, bedanke dich für alles, worüber du dich glücklich fühlst. Das kann das Gefühl sein, aufzuwachen, gut geschlafen zu haben, in der Nähe von geliebten Menschen aufzuwachen oder irgendetwas anderes, über das du dich freust.

- Mach alle 2 Stunden eine 10-sekündige Dankbarkeitspause und denke an alles, wofür du dankbar bist. Das kann das Essen auf deinem Tisch sein, die Kleidung, die du trägst, das Auto, mit dem du fährst, der Bus, in dem du sitzt, die Arbeit, die du tust, usw.

- Schreibe fünf Dinge auf, für die du am Ende des Tages besonders dankbar bist.

- Bedanke dich im Laufe des Tages bewusst bei allen, die dich in irgendeiner Weise unterstützen.

- Zeige dich auch dankbar dafür, dass du den ganzen Tag über hart arbeitest und dich ungeachtet der Hindernisse vorwärts bewegst.

Es erfordert konsequente Anstrengung, echte Dankbarkeit zur Gewohnheit zu machen, aber wenn du diese Gewohnheit erst einmal aufgebaut hast, wirst du dich nur noch von Schönheit und Ruhe umgeben sehen.

Lies Bücher, die deinen Geist beflügeln

Füttere deinen Geist mit positiver geistiger Nahrung, indem du Bücher liest, die dir helfen, geistig stark, stabil, mutig, optimistisch und zuversichtlich zu werden. Hier sind einige Bücher zum Wohlfühlen, die deinen Geist verjüngen können:

- Die Mitternachtsbibliothek von Matt Haig

- Strandlektüre von Emily Henry

- Rotschopf am Straßenrand von Anne Tyler

- Liebe Emmie Blue von Lia Louis

Suche nach Büchern, die deinen Interessen entsprechen, aber achte darauf, dass du eine spannende und leichte Lektüre findest, die dir eine Pause vom Chaos um dich herum verschafft.

Denke an Dinge, die dich deinen Zielen näher bringen

Mache tagsüber kurze Pausen, um über deine Ziele nachzudenken und dir vorzustellen, wie du sie erreichen kannst. Wenn du vorhast, ein erfolgreicher digitaler Vermarkter zu werden, denke darüber nach, welche Art von digitaler Marketingagentur du leiten möchtest, verbringe einige Zeit mit digitalen Vermarktern und blättere durch die Seiten erfolgreicher Marken, denen du deine Dienste anbieten möchtest.

In ähnlicher Weise solltest du, was auch immer dein Ziel ist, an Dinge denken, die für dieses Ziel relevant sind, um es dir näher zu bringen.

Glaube, glaube und glaube noch mehr!

Der Glaube ist das stärkste Gefühl, das es überhaupt gibt. Wenn du wirklich glaubst, dass du glücklich bist, beginnen glückliche Gefühle in dir zu brodeln. Um die volle Kraft des Glaubens zu nutzen, musst du glauben, dass du erfolgreich, selbstbewusst und stark bist.

Erstelle eine Persona für dich und all die Dinge, die du tun möchtest, und stelle dich in dieser Rolle vor. Wenn du einen schlanken, muskulösen Körper haben, einen Ferrari fahren und ein 7-stelliges Einkommen erzielen möchtest, schreibe das auf und glaube daran, dass du es schaffen kannst. Sobald du anfängst, wirklich an die Macht des Universums zu glauben, wirst du erstaunt sein, wie schnell du deine tiefsten und echtesten Wünsche verwirklichen kannst.

Durchführung der Strategie

Es ist immer gut, Gewohnheiten zu überprüfen, besonders wenn man gerade an diesem Teil angekommen ist. Also, hier sind einige Punkte, die du berücksichtigen solltest:

Dauer: Beginne jede Gewohnheit mit einem geringen Zeitintervall und baue es schrittweise aus. Beobachte dich selbst, wie du die Gewohnheit in der begrenzten Zeit ausübst, und nimm entsprechende Anpassungen vor.

Beste Zeit: Übe Dankbarkeit, positives Denken, Joggen und andere Gewohnheiten der Selbstfürsorge zu verschiedenen Zeiten, um herauszufinden, welcher Zeitpunkt für die jeweilige Übung am besten geeignet ist.

Wichtige Erkenntnisse: Prüfe, wie Wetter, Umgebung, Schlafgewohnheiten, Stimmung und andere Faktoren deine Leistung bei jeder Gewohnheit beeinflussen. Unter bestimmten Umständen bist du vielleicht besser. Sobald du diese Erkenntnisse gewonnen hast, musst du sie in deine Gewohnheitsroutine einbauen.

Wie man es macht: Probiere die Gewohnheit auf verschiedene Arten aus, staple sie auf andere Gewohnheiten und experimentiere mit neuen

Ansätzen. Dies hilft dir, die beste und effektivste Leistungsstrategie für jede Gewohnheit zu verstehen.

Eine Strategie, um alle persönlichen Wachstumsgewohnheiten gemeinsam zu praktizieren

Hier ein Beispiel für eine Strategie, die die verschiedenen Denkgewohnheiten miteinander verbindet, um ihre Wirksamkeit zu optimieren.

- Gehe eine Runde joggen.

- Meditiere unmittelbar nach dem Joggen.

- Nimm dir 5 Minuten Zeit, um an Dinge zu denken, die du liebst.

- Esse eine grüne Frucht oder Gemüse.

- Nimm eine wohltuende Dusche.

- Gib dir selbst eine starke, auf Vertrauen basierende Suggestion.

- Rede positiv mit dir selbst.

- Denke an 3 Dinge, für die du in verschiedenen Bereichen deines Lebens dankbar bist.

- Stelle dir vor, du lebst dein Traumleben.

Folge diesem Prozess Schritt für Schritt, um eine großartige Routine für dein persönliches Wachstum zu entwickeln. Persönliches Wachstum erreicht eine ganz neue Ebene, wenn du das Zeitmanagement in die Gleichung einbeziehst. Der nächste Teil des Buches befasst sich mit diesem Thema.

Teil 8: Zeitmanagement-Gewohnheiten

"Man lässt alte Gewohnheiten hinter sich, indem man mit dem Gedanken beginnt: 'Ich lasse das Bedürfnis danach in meinem Leben los'."

- Wayne W. Dyer

Zeitmanagement-Gewohnheiten: Einführung

In diesem Teil des Buches erfährst du, wie das richtige Zeitmanagement zu intelligenter Arbeit und Effizienz führt.

Zeitmanagement bedeutet, dass du planst und organisierst, wie du deine Zeit zwischen verschiedenen Aufgaben aufteilst. Fast alle Leistungsträger, die du kennst, haben wahrscheinlich ein perfektes Zeitmanagement praktiziert. Obwohl sie dieselben 24 Stunden haben wie wir alle, schaffen sie in der Regel mehr.

Ein effektives Zeitmanagement ist wichtig, denn es führt zu höherer Produktivität und Effizienz, was unmittelbar dazu beiträgt, deinen Stresspegel zu senken. Außerdem verschafft es dir einen besseren beruflichen Ruf, wenn du deine Aufgaben so früh wie möglich erledigst, was deine Chancen auf Beförderung und Aufstieg erhöht und es dir ermöglicht, im Leben mehr zu erreichen und deine beruflichen Ziele zu verwirklichen.

Wenn du die Gewohnheit des Zeitmanagements beherrschst, kannst du in jeder Lebensphase, von der Kindheit bis zum Erwachsenenalter und darüber hinaus, sowohl in deinen beruflichen als auch in deinen persönlichen Beziehungen glänzen.

Kapitel 24: Die Gewohnheit der Selbstdisziplinierung

"Wenn ein Mensch ausreichend motiviert ist, wird sich die Disziplin von selbst einstellen." - **Albert Einstein**

Laienhaft ausgedrückt ist Selbstdisziplin die Fähigkeit, Maßnahmen zu ergreifen, motiviert zu bleiben und sich selbst voranzutreiben, unabhängig davon, wie man sich fühlt.

Sie ermöglicht es, sich selbst und andere in allen Aspekten des Lebens effektiv zu führen. Selbstbeherrschung und Konzentration, die integralen Bestandteile der Selbstdisziplin, sind die Quellen, aus denen Glück, Erfolg und Leistung sprudeln.

Mangelnde Selbstdisziplin ist einer der Hauptfaktoren, die uns davon abhalten, unser größtes Potenzial auszuschöpfen. Diese Gewohnheit ist für die meisten Menschen am schwersten zu entwickeln und durchzuhalten.

Um sich Selbstdisziplin anzueignen, solltest du dir diese gesunden Gewohnheiten aneignen:

Ablenkungen entfernen

Ablenkungen jeglicher Art halten uns davon ab, unsere täglichen Ziele zu erreichen. Ein hilfreicher Ratschlag lautet: "Aus den Augen, aus dem Sinn". Indem du deine größte Ablenkung, zum Beispiel dein

Smartphone, aus dem Blickfeld nimmst, kannst du dich besser auf die jeweilige Aufgabe konzentrieren.

Countdown, dann aktiv werden

Wenn du dich extrem demotiviert fühlst, kann dieser Trick sehr hilfreich sein.

Beginne deinen Countdown mit einer niedrigen Zahl in absteigender Reihenfolge, z. B. von 10 bis 1. Zwing dich selbst dazu, wieder mit der Aufgabe zu beginnen, sobald dein Countdown endet, und gib dir selbst einen mentalen Anstoß, mit der Arbeit zu beginnen.

Bringe deine Ziele dort an, wo du sie jeden Tag sehen kannst

Einer der wichtigsten Schlüssel zu Selbstdisziplin und Erfolg ist die Festlegung klarer und spezifischer Ziele und die schriftliche Fixierung dieser Ziele an einem Ort, an dem du sie jeden Tag sehen kannst.

Ziele auf einen Zettel zu schreiben, den du dann in deine Brieftasche steckst, sie an den Kühlschrank zu hängen und deine Ziele als Notiz auf deinem Desktop oder Handy zu speichern, sind gängige Methoden, um deine Ziele täglich zu überprüfen.

Erinnere dich daran, warum du angefangen hast

Mentale Hindernisse wie Selbstzweifel und Angst können dazu führen, dass wir vom Weg abkommen und unsere Ziele aus den Augen verlieren.

Wenn du ans Aufhören denkst, erinnere dich einfach daran, warum du diesen Prozess überhaupt begonnen hast. Denke an all die Tage, an denen du dachtest, dass du aufgrund eines Problems nicht weiterkommen würdest, aber du hast einen Weg gefunden, dieses Problem zu überwinden. Nutze dieselbe Motivation und gib dir selbst einen Anstoß zum Weitermachen.

"Ich sage nicht, dass es einfach sein wird. Ich sage dir, es wird sich lohnen."

Anonym

Setze dir zunächst kleine Ziele

Sich kleine Ziele zu setzen ist nicht dasselbe wie die Aufteilung großer Ziele in kleinere Ziele. Es bedeutet, sich kleine Ziele zu setzen, unabhängig von den großen Zielen, die vor einem liegen.

Anstatt dir zum Beispiel das Ziel zu setzen, in einer Woche 20 kg abzunehmen, setze dir das kleine Ziel, "diese Woche eine gesunde Mahlzeit zu essen". Das wird dir helfen, den Schwung und das Selbstvertrauen aufzubauen, um später größere Ziele zu erreichen.

Prioritätensetzung üben

Um Prioritäten setzen zu können, musst du wissen, welche Aufgaben es wert sind, dass du dich zu einem bestimmten Zeitpunkt am meisten anstrengst, und dann diesen Aufgaben die meiste Zeit, Mühe und

Energie widmest. Wenn du deinen Tag auf der Grundlage der Aufgabe organisierst, kannst du dein Ziel erreichen.

Außerdem solltest du die Aufgaben, die du nicht unbedingt magst, ganz oben auf deine Prioritätenliste setzen, anstatt sie auf einen oder zwei Tage zu verschieben.

Kenne deine Schwächen

Der Aufbau einer starken Selbstdisziplin setzt voraus, dass du deine Schwächen kennst.

Du lernst dich selbst besser kennen und verstehst, wie du dich als Person entwickelst. Außerdem hilft es dir, die Faktoren zu verstehen, die dich zurückhalten, und Wege zu finden, diese zu überwinden.

Arbeite an deinen Schwächen, um zu wissen, wie du sie am besten bekämpfen kannst, und vor allem, wie du verhindern kannst, dass sie wieder auftreten. Übe dabei gleichzeitig Zeitmanagement-Gewohnheiten ein, um deine Zeitmanagement-Fähigkeiten zu verbessern.

Kapitel 25: Die Gewohnheit des Zeitmanagements

*"Die schlechte Nachricht ist, dass die Zeit vergeht. Die gute Nachricht ist, dass du der Pilot bist." - **Michael Altshuler**.*

Zeitmanagement ist entscheidend, um das Beste aus dem Tag herauszuholen und produktiv zu bleiben. Beim Zeitmanagement geht es darum, sich zu konzentrieren, sein Verhalten zum Besseren zu verändern und jeder Aufgabe Aufmerksamkeit und Mühe zu widmen.

Ein effizientes Zeitmanagement wird dir helfen, dich zu verbessern und in deinem Berufsleben voranzukommen. Die Organisation des Tages, damit du deine Aufgaben pünktlich erledigen, bei wichtigen Besprechungen engagiert und konzentriert bleiben und bei deinen Studien kreativ sein kannst, sind wichtige Möglichkeiten, deine Zeit gut zu verwalten.

Neben unserem Berufsleben ermöglicht uns das Zeitmanagement, die Work-Life-Balance in einem perfekten Verhältnis zu managen, ohne eines von beiden zu stören. Dank des Zeitmanagements fällt es uns leichter, nach dem Verlassen des Arbeitsplatzes zufrieden Zeit mit unseren Freunden und der Familie zu verbringen, ohne von der Arbeit gestresst zu sein.

Wenn du dagegen nicht in der Lage bist, deine Zeit richtig einzuteilen, bist du überfordert und gestresst und hast einen engen Zeitplan, dem du nicht nachkommen kannst.

Im Folgenden findest du Gewohnheiten, die dir helfen werden, deine Zeit außergewöhnlich gut zu verwalten.

Setze die Ziele sofort

Das Erreichen von Zielen zum richtigen Zeitpunkt ist ein wesentlicher Bestandteil des Zeitmanagements.

Wenn es um Zeitmanagement geht, ist es wichtig, sich die richtigen Ziele zu setzen. Beginne mit kleinen Zielen, und das bedeutet nicht, dass du größere Ziele in kleinere aufteilen musst. Wenn du dir kleine Ziele setzt, kannst du diese sofort erreichen, was dir einen Vorsprung verschafft und dich motiviert, mehr zu tun.

Arbeit priorisieren

Wenn du deine Arbeit nach Prioritäten ordnest, ist es besser, alle Aufgaben aufzulisten und sie dann nach Prioritäten zu ordnen. Setze Erinnerungen für die vorrangigen Aufgaben und warum du sie zu deiner Priorität gemacht hast. Verwende Post-it-Notizen, um dich bei den Aufgaben zu unterstützen.

Deine Zeit sieben Tage lang überprüfen

Das Auditing und die Übernahme von Verantwortung sind eine hervorragende Möglichkeit, die Zeit zu managen.

Beurteile, wie du täglich deine Zeit verbringst, und zeichne dies auf. Teile den Tag in Stunden auf und analysiere, wo du gearbeitet hast und wo du möglicherweise deine Zeit verschwendet hast. Verringere die Zeitverschwendung und verstärke die Arbeit in einem Bereich, der es verdient.

Am Ende der Woche wirst du die Zahlen in Form von Arbeit, Zeitverschwendung, Entspannung usw. haben, was es dir erleichtern wird, Änderungen vorzunehmen.

Beginne mit deiner wichtigsten Aufgabe.

Wenn du mit der wichtigsten Aufgabe beginnst, erhöht sich deine Produktivität, da es morgens weniger Ablenkungen und Unterbrechungen gibt.

Außerdem fühlen wir uns am frühen Morgen motivierter und konzentrierter als später am Tag. Der Abschluss der kritischen und anspruchsvollen Aufgaben würde dich motivieren, mehr zu tun, und der spätere Abschluss kleinerer Aufgaben würde sich wie eine Belohnung anfühlen.

Vermeide Multitasking

Wenn du mehr Arbeit in kürzerer Zeit erledigen willst, solltest du mit dem Multitasking aufhören. So gut es sich auch anhört, Multitasking ist eine ineffiziente Methode, um deine Aufgaben zu erledigen, da du dich nicht vollständig auf eine Aufgabe konzentrieren kannst.

Auf der anderen Seite ist Mono-Tasking eine effiziente und produktive Art der Aufgabenerledigung. Wenn du nur eine Aufgabe auf einmal erledigst, kannst du dich voll und ganz darauf konzentrieren und machst weniger Fehler.

Arbeit delegieren

Delegieren von Arbeit bedeutet, dass du dein Arbeitspensum an eine andere Person übergibst und ihr die Befugnis erteilst, es zu erledigen. Diese Methode steht Personen ab einer Führungsposition zur Verfügung.

Diese zeitsparende Methode ermöglicht es dir, einen Teil deiner Arbeit an deine Untergebenen abzugeben und dich selbst auf die wichtigen Aufgaben zu konzentrieren.

Mache regelmäßig Pausen

Durch kleine und regelmäßige Pausen kannst du deinen Stress und deine Anspannung produktiv abbauen.

Auf diese Weise kannst du dein Konzentrationsniveau steigern und dich während der Arbeit besser konzentrieren. Du erreichst auch Effektivität und Effizienz, indem du gesunde kurze Pausen einlegst.

Lege jedoch nur geplante Pausen ein; ungeplante Pausen dienen nur der Unterbrechung und Ablenkung von der Arbeit.

E-Mail-Antwortzeit einplanen

E-Mails sind wichtig und eine schnelle sowie bequemere Art der Kommunikation als Telefongespräche, besonders im Berufsleben. Das Öffnen von Hunderten von E-Mails täglich ist jedoch keine leichte Aufgabe.

Plane Zeit für die Beantwortung von E-Mails ein, denn wenn du das nicht tust, wird deine Produktivität beeinträchtigt.

Organisiere deinen Posteingang in verschiedenen Ordnern, Etiketten und Kategorien, damit du E-Mails effizient auswählen und bearbeiten kannst.

Verwalten von Notizen auf der To-Do-Liste

In einer To-Do-Liste sind alle Aufgaben aufgeführt, die du im Laufe eines Tages oder einer Woche erledigen musst. Ganz oben stehen die Aufgaben mit hoher Priorität, gefolgt von denen mit niedriger Priorität.

Wenn du eine Aufgabenliste erstellst, stelle sicher, dass du alle Aufgaben an einem Ort notiert hast und nichts Wichtiges vergisst. Du kannst einschätzen, welche Aufgabe sofort erledigt werden muss und welche du später erledigen kannst.

Wenn du dir diese Gewohnheiten angewöhnst, wird dir das Zeitmanagement leichter fallen. Mach es dir zur Gewohnheit, die 80/20-Regel anzuwenden, um die Dinge zu beschleunigen.

Kapitel 26: Die 80/20-Gewohnheit

*"Der Weg, etwas Großes zu schaffen, besteht darin, etwas Einfaches zu schaffen." - **Richard Koch***

Die 80/20-Regel, auch Pareto-Regel genannt, besagt, dass das Verhältnis zwischen dem Aufwand, den du betreibst, und dem Ergebnis, das du erhältst, fast nie ausgeglichen ist. Sie besagt, dass 20 % deiner Bemühungen 80 % des Ergebnisses hervorbringen.

Um deine Zeit optimal zu nutzen, solltest du lernen, die 20 % des Aufwands zu erkennen, die den größten Teil des Ergebnisses ausmachen, und dich darauf konzentrieren.

Wenn du skeptisch bist, verstehen wir das. Versuche, die 80/20-Regel ein paar Tage lang zu befolgen, und überzeuge dich selbst!

Identifiziere alle deine täglichen/wöchentlichen Aufgaben

Wenn es um dein Berufsleben geht, ist es wichtig, deine Aufgaben zu identifizieren und nach Prioritäten zu ordnen, insbesondere wenn die Pareto-Regel ins Spiel kommt.

Verwende einen Planer oder eine To-Do-Liste, um deine täglichen Aufgaben zu verfolgen; das spart Zeit und ist eine produktive Art, die Aufzeichnungen zu führen.

Identifizierung von Schlüsselaufgaben

Nachdem du deine täglichen/wöchentlichen Aufgaben ermittelt hast, musst du in einem nächsten Schritt bestimmen, welche Funktionen der Liste Schlüsselaufgaben sind. Dies sind die entscheidenden Aufgaben, die du nach Prioritäten ordnen musst.

Was sind die Aufgaben, die dir mehr Gewinn bringen?

Nachdem du die kritischen Aufgaben erfolgreich ermittelt hast, bewerte die Funktionen, die mehr Gewinn bringen.

Einfach ausgedrückt: Du musst beurteilen und ermitteln, welche Aufgaben wichtig genug sind, um 20 % des Aufwands zu erhalten, aber 80 % des Ergebnisses liefern.

Überlege, wie du die Aufgaben, die dir weniger Gewinn bringen, reduzieren oder übertragen kannst.

Nachdem du die Aufgaben ausgewählt hast, bei denen du 20 % deines Einsatzes für 80 % des Ergebnisses aufwenden musst, wirst du feststellen, welche Aufgaben dir weniger Gewinn bringen. Der beste Weg, diese Aufgaben zu reduzieren oder zu übertragen, ist, sie an deine Untergebenen zu delegieren oder sie mit deinen Mitarbeitern zu teilen, die dir in dieser Hinsicht helfen können.

Erstelle einen Plan, der dir mehr Wert bringt

Nimm dir vor, mehr Aufgaben von großer Bedeutung in deinem Berufsleben zu erledigen.

Äußerst wichtige Aufgaben sind auf lange Sicht für das Unternehmen von Vorteil, und die Planung ihrer Erledigung würde dich zweifellos bei der Geschäftsleitung in ein gutes Licht rücken.

Verwende 80/20, um jedem Projekt, an dem du arbeitest, Priorität einzuräumen

Als Projektleiter möchtest du das Briefing abschließen und die Arbeit so schnell wie möglich beginnen.

Ein zweistündiger Vortrag wäre weniger effizient als eine 30-minütige Diashow oder ein Schaubild, in dem das Projekt und seine Schritte kurz erläutert werden.

Konzentriere dich darauf, einen Plan festzulegen, der dich auf die Aktivitäten fokussiert, die die größten Ergebnisse bringen.

Es ist am besten, zuerst die Aktivitäten zu machen, die das beste Ergebnis bringen.

Nutze einen Planer, um die Aufgaben festzuhalten, die dir helfen, deine Aktivitäten rechtzeitig zu erledigen. Der frühe Morgen ist eine effiziente Zeit, um mit diesen Aufgaben zu beginnen, da es weniger Ablenkungen gibt und du aktiver und energiegeladener bist.

Um dein Zeitmanagement zu verbessern, entwickle die Gewohnheit des Zeitblockierens. Wir werden verschiedene Mikromuster besprechen, die dir helfen, diese spezielle Gewohnheit zu entwickeln.

Kapitel 27: Die Gewohnheit, Zeit zu blockieren

*"Aus der Routine kommt die Inspiration". - **Mike Kostabi***

Zeitblockierung ist eine wichtige Produktivitätstechnik, bei der eine einzelne Aufgabe mit hoher Priorität oder eine Gruppe von Aufgaben in einem bestimmten Zeitblock erledigt wird.

Das Blockieren von Zeit erlaubt es dir, wichtige Aufgaben mit zeitkritischen Angelegenheiten zu priorisieren, Projekte voranzutreiben und mit Kunden umzugehen, ohne 24 Stunden am Tag verfügbar zu sein. Diese Gewohnheiten helfen dir, wichtige Aufgaben zu erledigen und sie rechtzeitig abzuschließen.

Das Hinzufügen von Zeitblöcken mag wie ein Durcheinander in deinem Kalender klingen. Wenn du hingegen deinen Kalender mit wichtigen Aufgaben und Pflichten füllst, wird es für andere schwierig sein, dich abzulenken.

Erstelle deine Liste

Wenn du dich entschließt, mit dem Zeitblockieren zu beginnen, musst du als erstes eine Liste erstellen.

Liste die Dinge auf, die du in der kommenden Woche erledigen musst. Dazu gehören Aufgaben und Aktivitäten bei der Arbeit, Zeit für die Familie, alle Ziele, die du in der Woche erreichen musst, usw.

Bei wichtigen Terminen und Projekten füge ein Symbol hinzu, das die Wichtigkeit des Termins anzeigt, z. B. die Hochzeit eines Freundes.

Beginne mit übergeordneten Prioritäten

Du hast deine Aufgaben und Aktivitäten in die Liste für den Tag/die Woche aufgenommen.

Es ist wichtig, dass du deine Prioritäten kennst, da du deinen Zeitplan an diesen Aktivitäten ausrichten wirst. Früh am Morgen zu beginnen, ist eine gute Zeit, da es weniger Ablenkungen gibt und du völlig aktiv und energiegeladen bist.

Versuche, die Aufgaben mit der höchsten Priorität auf 2-3 pro Tag zu beschränken, um sie zu erleichtern.

Erstelle einen täglichen Plan

Bei der Erstellung eines Plans musst du abschätzen, wie viel Zeit du am Tag hast und wie viel Zeit du jeder Aufgabe zuweisen kannst.

Je nach Tätigkeit sollte der Plan tägliche Aufgaben, Besprechungen, kurze Pausen, Reisen und Kundentermine berücksichtigen.

Das Hauptaugenmerk liegt jedoch auf deinen wichtigen Aufgaben und Projekten.

Nimm dir Zeit für tiefgehende und oberflächliche Arbeiten.

Tiefenarbeit ist langfristige Arbeit wie Schreiben, Programmieren und Entwerfen, bei der du ohne Ablenkung arbeiten möchtest. Du solltest große Zeitblöcke speziell für diesen Zweck reservieren.

Andererseits handelt es sich bei oberflächlicher Arbeit um kurzfristige Tätigkeiten wie Telefonate und E-Mail-Antworten, auch bekannt als reaktive Aufgaben.

Täglich Blöcke für reaktive Aufgaben hinzufügen

Füge für reaktive Aufgaben Blöcke hinzu, auch wenn sie noch so klein erscheinen. Sei realistisch in Bezug auf die Zeit, die reaktive Aufgaben in Anspruch nehmen können, bevor du ihnen einen Zeitblock widmest.

Schreibe deine tägliche To-Do-Liste auf

Stelle sicher, dass du deine Aufgaben für den kommenden Tag notierst und sie in die entsprechenden Zeiten einordnest. Achte darauf, dass du genügend Zeit für oberflächliche und umfangreiche Aufgaben hast.

Denk daran, dass dies nur ein Rahmen ist, wie es funktionieren sollte. Es kann einige Zeit dauern, bis du die Aufgabenliste richtig zusammengestellt hast.

Nachdem wir die verschiedenen Gewohnheiten erörtert haben, wollen wir nun ihre Leistungsstrategie untersuchen.

Durchführung der Strategie

Dauer: Lege dir für jede Gewohnheit eine bestimmte Zeitspanne fest und halte dich strikt daran. Beginne damit, ein paar Minuten an einer Gewohnheit zu arbeiten, und erhöhe dann allmählich die Dauer.

Beste Zeit: Arbeite an einer bestimmten Gewohnheit zu verschiedenen Zeiten: morgens, mittags, nachmittags, abends und nachts. Wenn du im Morgengrauen aufwachst, versuch eine Gewohnheit zu dieser Zeit. Auf diese Weise kannst du die profitabelste Zeit für die Gewohnheit ermitteln und sie optimal nutzen.

Wichtige Einsichten: Achte darauf, wie sich Umwelt- und Verhaltensfaktoren, Schlafroutine, Ernährung und Flüssigkeitszufuhr sowie andere Elemente auf dein Engagement und deine Leistung bei einer Gewohnheit auswirken.

Wie man es macht: Es kann mehrere Möglichkeiten geben, dasselbe zu tun. Du kannst deine tägliche To-Do-Liste auf einem echten Notizblock oder auf dem Tablet deines Telefons oder Computers schreiben.

Du kannst eine App zur Terminplanung verwenden, um E-Mails zu planen oder Aufgaben an deine Untergebenen zu delegieren. Du kannst deine Ziele sofort ausspielen oder am Vorabend erledigen. Der Punkt ist, dass es keinen bestimmten Weg gibt, eine bestimmte Aufgabe durchzuführen. Du musst verschiedene Dinge ausprobieren, um den besten Ansatz zu verstehen und zu entwickeln, um ein leistungsstarkes Ergebnis zu erzielen.

Eine Strategie zum gemeinsamen Üben aller Zeitmanagement-Gewohnheiten

Im Folgenden findest du eine hilfreiche Strategie, die dir dabei helfen kann, die verschiedenen oben genannten Zeitmanagement-Gewohnheiten zu kombinieren, um das Beste aus ihnen herauszuholen, indem du sie zu einem Gewohnheitsstapel zusammenfasst.

- Lege deine Ziele gleich zu Beginn fest.

- Notiere deine Ziele und bringe sie an einem gut sichtbaren Ort an.

- Denke an die Gründe, warum du deine Ziele erreichen musst.

- Beginne mit der wichtigsten Aufgabe.

- Arbeite an einer Aufgabe nach der anderen.

- Delegiere bestimmte Aufgaben an Personen, die besser dafür geeignet sind.

- Plane deine E-Mail-Antwortzeit.

- Bearbeite die Aufgaben nach der 80/20-Regel.

- Arbeite an tiefgreifenden und oberflächlichen Aufgaben.

- Blockiere deine verschiedenen Aktivitäten zeitlich.

Versuche dich an dieser Routine. Wie bei den anderen Gewohnheiten kannst du auch für diese Erinnerungen festlegen. Es dauert ein paar Tage, bis du dich an die Gewohnheit gewöhnt hast, aber sobald du den Dreh raus hast, wirst du einen schnellen Produktivitätsschub erleben.

Während wir daran arbeiten, unsere Gesundheit, unser Glück, unsere Denkweise, unser Zeitmanagement, unsere Produktivität, unsere Fitness und andere Aspekte unseres Lebens zu verbessern, vergessen wir manchmal einen wesentlichen Bereich: unsere Spiritualität.

Das Leben wird nur dann sinnvoller, wenn du eine klare Vorstellung von deiner Identität und deinem Ziel hast. Genau darum geht es bei deiner Spiritualität. Vielleicht begreifst du ihre Bedeutung erst dann wirklich, wenn du daran arbeitest, sie wirklich zu erschließen.

Im folgenden Teil des Buches wollen wir einige starke geistige Gewohnheiten besprechen.

Teil 9: Spirituelle Gewohnheiten

"Der Mensch ist ein unvollkommenes Geschöpf. Man ist nicht 'erfolgreich', weil man keine Schwächen hat; man ist erfolgreich, weil man seine einzigartigen Stärken findet und sich darauf konzentriert, Gewohnheiten um sie herum zu entwickeln."

- Tim Ferriss

Ziele der Spiritualität: Einführung

Von Zeit zu Zeit sind wir in unserem Leben mit verschiedenen Problemen, Unsicherheiten, Ängsten, Verlusten und Trauer konfrontiert. Diese Ereignisse beeinträchtigen unsere geistige Gesundheit, und wir können Depressionen und Angstzuständen zum Opfer fallen. Wenn wir uns jedoch mit unserer spirituellen Seite verbinden, fällt es uns leichter, diese Probleme zu überwinden, weil wir unseren Lebenszweck kennen.

Wenn wir ein klares Ziel vor Augen haben und eine klare Richtung einschlagen, lassen sich viele Probleme lösen. Wenn wir wissen, was wir wollen und wohin wir gehen, finden wir die Kraft, unsere Sorgen, Zweifel, Ängste und Herausforderungen zu bekämpfen.

In diesem Teil des Buches wirst du mit spirituellen Gewohnheiten vertraut gemacht und erfährst, wie du sie dir aneignen kannst, um dein Leben besser zu gestalten.

Spiritualität fördert den inneren Frieden und das Wachstum. Wenn du dir einige starke spirituelle Gewohnheiten aneignest, werden diese zu einer Quelle der Harmonie und Hoffnung für dich. Diese Gewohnheiten schenken dir Zufriedenheit und machen dich zu einem besseren Menschen.

Wenn du deine Seele verjüngen möchtest, solltest du die in diesem Abschnitt vorgestellten spirituellen Gewohnheiten verstehen und aufbauen.

Kapitel 28: Die Gewohnheit der Dankbarkeit

"Die Ketten der Gewohnheit sind zu schwach, um sie zu spüren, bis sie zu stark sind, um sie zu zerbrechen." - **Samuel Johnson**

Der erste Schritt auf dem Weg zur Spiritualität besteht darin, die Haltung der Dankbarkeit in deinem täglichen Leben zu entwickeln. Meistens konzentrieren wir uns auf das, was wir uns wünschen, und nicht auf das, was wir bereits haben. Wenn du versuchst, dir deiner unzähligen Segnungen bewusst zu werden, kannst du in deinem Alltag leicht Momente der Dankbarkeit finden.

Egal, wie schwer das Leben für dich ist, finde in dir die Gnade, dich für das Essen auf deinem Tisch, dein Zuhause und deine Arbeit gesegnet zu fühlen. Viele Menschen auf dieser Welt haben keinen Zugang zu diesen Notwendigkeiten. Vor allem aber sei dankbar für dieses Leben, das ein Geschenk ist.

Wenn du einmal die Gewohnheit der Dankbarkeit kultiviert hast, wirst du sehen, wie sie deinen Gemützustand und deine Lebensperspektive verändern wird. Du wirst die Macht haben, Probleme in Möglichkeiten und Ungeduld in Gelassenheit zu verwandeln. Die eigentliche Herausforderung besteht darin, dir diese Fähigkeit so gut anzueignen, dass sie dir zur zweiten Natur wird.

In diesem Kapitel lernst du Mikrogewohnheiten, die dir dabei helfen werden:

Klein anfangen

Wenn man etwas Neues beginnt, muss man nicht gleich groß anfangen. Lao Tzu sagte zu Recht, dass die Reise von tausend Meilen mit einem einzigen Schritt beginnt. Dankbarkeit ist unglaublich einfach. Du kannst damit beginnen, indem du dir fünf Minuten Zeit nimmst, um etwas Gutes zu würdigen, das dir widerfahren ist. Das kann die Zeit sein, die du mit einem Freund verbracht hast, eine nette Bemerkung oder eine Mahlzeit, die du an diesem Tag genossen hast.

Hör auf zu vergleichen, und zwar JETZT

Wenn du die Gewohnheit der Dankbarkeit wirklich meistern willst, ist der Vergleich mit anderen Menschen ein großes NEIN. Es ist sehr verlockend, dein Leben mit dem anderer zu vergleichen, vor allem im Zeitalter der sozialen Medien, aber das wird dir nicht guttun.

Lerne, dich selbst zu schätzen und mit anderen zu feiern. Eine kluge Strategie ist es, drei Dinge zu notieren, die du an dir selbst gut findest und die du als deine Stärken identifizieren kannst. Eine andere Möglichkeit besteht darin, die Nutzung sozialer Medien einzuschränken, denn nicht alles, was man in den sozialen Medien sieht, ist gültig.

Beziehe deine Freunde und Familie mit ein

Du kannst dich von deinen Freunden und deiner Familie dabei helfen lassen, Dankbarkeit konsequent zu praktizieren. Macht es euch zur Gewohnheit, dass jeder vor jeder Mahlzeit seinen dankbaren Moment des Tages erwähnt. Wenn jemand es vergisst, können andere als Erinnerung dienen. Auf diese Weise wird die Praxis gestärkt und jeder kann Dankbarkeit erfahren. Nach diesem kurzen Moment der Wertschätzung werdet ihr eine Veränderung der Energie im Raum spüren.

Denke daran, es zu tun

Das Schwierigste bei der Einführung einer neuen Gewohnheit ist, sich daran zu erinnern, sie täglich anzuwenden. Du kannst Dankbarkeit zu einem Teil deiner täglichen Routine machen, indem du morgens nach dem Aufwachen oder abends vor dem Schlafengehen einen kurzen Moment der Dankbarkeit empfindest. Wenn du dies in dein Tagebuch schreibst, wird es dir auch helfen, Beständigkeit zu entwickeln.

Vergiss nicht, innezuhalten

Es ist ganz natürlich, dass du dich nach einer solchen Dankesbekundung in deine Routineaufgaben vertiefst. Aber du solltest dir genügend Zeit nehmen, um dies zu verarbeiten, indem du nach jeder solchen Episode ein paar Sekunden innehalten. Lass auf jeden Dankbarkeitsmoment fünfzehn Sekunden Stille folgen, um die Erfahrung zu genießen.

Finde ein Stichwort, das für dich funktioniert

Auslöser spielen eine wesentliche Rolle beim Aufbau neuer Gewohnheiten in deinem Lebensstil. Du kannst die Idee des Gewohnheitsstapelns nutzen, um die Gewohnheit der Dankbarkeit beizubehalten - aber nutze jeden Auslöser, der für dich funktioniert. Die Gewohnheit der Dankbarkeit bei einer Mahlzeit zu praktizieren, ist eine gute Option, denn sie hilft dir, deine Dankbarkeitsgewohnheiten mit anderen zu teilen.

Tiefer gehen

Nachdem du ein paar Tage lang erfolgreich Dankbarkeit zum Ausdruck gebracht hast, musst du tiefer eintauchen, um weitere Vorteile der Dankbarkeit zu erkunden. Du kannst anspruchsvollere Anhaltspunkte wie Telefonanrufe schaffen. Wann immer du einen Anruf erhältst, nimm dir einen Moment Zeit, um deine Beziehungen zu würdigen, und nimm dann den Anruf entgegen. Wenn du dies regelmäßig praktizierst, wirst du jedes Telefongespräch mit einem tiefen Gefühl der Dankbarkeit erleben.

Regelmäßig bleiben

So wichtig es ist, neue Gewohnheiten zu entwickeln, so wichtig ist es auch, sie beizubehalten. Beständigkeit ist der Schlüssel, um eine Haltung der Dankbarkeit zu entwickeln und sie zu einem Teil deines Lebensstils zu machen.

Du kannst dies tun, indem du dich umschaust, um die besten Dinge zu finden und kleine Momente der Dankbarkeit einzulegen. Konzentriere dich auf deine Dankbarkeitsziele und tanke deine Seele auf, indem du positive Energien mit den Menschen um dich herum teilst.

Kapitel 29: Die Gewohnheit zu lächeln

Glück ist eine Gewohnheit - kultiviere es. **- Elbert Hubbard**

Ein Lächeln ist ein wirkungsvolles Mittel, um mit anderen in Kontakt zu treten und sich selbst und sein Leben gut zu finden. Mehrere Studien haben ergeben, dass Lächeln einen tiefgreifenden Einfluss auf dein Wohlbefinden hat. Wenn du dir vornimmst, öfter zu lächeln, wirst du anfangen, ein glücklicheres Leben zu führen.

Forscher glauben, dass ein Lächeln eine bestimmte Gruppe von Muskeln im Gesicht stimuliert - Muskeln, die stark mit Glücksgefühlen und Fröhlichkeit verbunden sind. Wenn du lächelst, sendest du Signale an das emotionale Zentrum deines Geistes, um anzuzeigen, dass alles in Ordnung ist. Dadurch wird Stress abgebaut und die Zufriedenheit gesteigert.

Shawn Achor sagt, dass Lächeln als regelmäßige Gewohnheit mehrere Vorteile hat, wie z. B. die Verbesserung der Stimmung und die Steigerung der emotionalen Intelligenz. Diese scheinbar kleine Veränderung kann ansteckend sein. Und das Beste an einem Lächeln ist, dass es kostenlos ist.

In diesem Kapitel findest du praktische Tipps, wie du Lächeln zu einer dauerhaften Gewohnheit in deinem Leben machen kannst.

Lächeln üben

Lächle jetzt, egal wo du das liest. Setz ein breites Lächeln auf dein Gesicht und versuche, dir etwas Negatives in deinem Kopf vorzustellen. Das wird dir nicht gelingen, denn es ist schwer, beim Lächeln unglückliche Gefühle festzuhalten.

Du kannst damit beginnen, indem du zusätzlich zu deinem üblichen Lächeln dreimal am Tag lächelst. Dabei solltest du auch Situationen einbeziehen, in denen du normalerweise nicht lächelst, z. B. bei formellen Treffen oder offiziellen Präsentationen. Du kannst dies eine ganze Woche lang tun - betrachte es als einen siebentägigen Lächelversuch. Erinnere dich daran, den ganzen Tag über regelmäßig zu lächeln, auch wenn du es erzwingen musst.

Mit ein paar einfachen Tipps kannst du dir das Lächeln zur Gewohnheit machen.

- Bringe gut sichtbare Zettel mit einem Smiley-Bild in deinem Zuhause und deinem Büro an, um dich selbst daran zu erinnern, oft zu lächeln.

- Stelle auf deinem Handy viele Erinnerungen ein, die dich alle paar Stunden zum Lächeln auffordern.

- Markiere jedes Mal, wenn du lächelst, einen Eintrag in deinem Kalender.

- Lächle vor einem Spiegel und achte auf deine Mimik. Behalte diesen Eindruck im Gedächtnis, um diesen Moment immer wieder zu erleben, wenn du jemanden siehst.

- Lächle, sobald du morgens aufstehst. Geh mit einem Lächeln ins Bett.

Schenke dir selbst ein Lächeln

Nachdem du nun gelernt hast, wie wichtig ein Lächeln ist und wie du es üben kannst, solltest du es auch im Alltag einsetzen. Der Trick besteht darin, dass du eine Woche lang jedes Mal lächelst, wenn du auf diese Zeichen stößt.

Einige ideale Stichwörter sind:

- Ein Ton, den du tagsüber häufig hörst, z. B. deinen Klingelton oder einen E-Mail-Benachrichtigungston.

- Jede Handlung kann dich daran erinnern, zu lächeln, z. B. wenn du dich in dein Auto setzt oder aus ihm aussteigst oder wenn du den Türgriff festhältst, wenn du dein Haus oder dein Büro betrittst.

- Ein visuelles Zeichen, z. B. wenn du jemanden beim Kaffeetrinken siehst oder jemanden lächeln siehst.

Motiviert bleiben

Motivation ist der Schlüssel zum Aufbau neuer Gewohnheiten. Du kannst dich selbst zum Lächeln motivieren, indem du dir dessen Vorteile vor Augen hältst. Denke daran, dass du Menschen magst, die lächeln, während sie mit dir sprechen. Sie erwecken einen angenehmen Eindruck, da sie selbstbewusst und einladend wirken.

Wenn du am Telefon lächelst, wird dein Tonfall weicher und du kannst eine bessere Verbindung zum Hörer aufbauen. Eine andere Möglichkeit, sich zu motivieren, ist, sich eine Verpflichtung aufzuschreiben, z. B.: "Diese Woche werde ich jedes Mal lächeln, wenn ich an mein Lächel-Motiv denke oder ihm begegne."

Mehr zu lächeln ist ein schneller und einfacher Weg, um deine Lebensqualität zu verbessern. Es erfordert keine große Anstrengung deinerseits. Du musst dich nur an ein Lächeln halten, und du wirst zufriedener sein.

Kapitel 30: Die Gewohnheit, Tagebuch zu führen

"Tu das Beste, was du kannst, bis du es besser weißt. Und wenn du es dann besser weißt, mach es besser." - **Maya Angelou**

Eine großartige Möglichkeit, mit deiner Seele in Kontakt zu treten, ist es, deine Gedanken und Gefühle in einem Tagebuch auszudrücken. Es wäre hilfreich, wenn du es dir zur spirituellen Gewohnheit machen würdest, denn es bietet zahllose Vorteile, die in deinem Leben bestehen bleiben.

Erstens hilft das Tagebuchschreiben, produktiver zu sein, indem man sich auf bestimmte Ziele und Aufgaben konzentriert. Du lernst, in der Gegenwart zu leben, und wirst als Person achtsamer. Das Führen von Tagebüchern verbessert dein Gedächtnis und steigert deine emotionale Intelligenz. Es baut auch Stress ab und steigert dein geistiges Wohlbefinden.

Das menschliche Gedächtnis verblasst mit der Zeit und wird mit dem Alter vage. Wenn du ein Tagebuch führst, hältst du deine Erinnerungen, vergangenen Erfahrungen und Lebenslektionen fest, die deine Zukunft prägen können.

Es ist schwer, sich neue Gewohnheiten anzueignen; deshalb bemühen wir uns in diesem Buch, dich zu ermutigen, jeden Tag in ein persönliches Tagebuch zu schreiben. Du wirst lernen, wie du dies tun kannst und es zu einem wesentlichen Bestandteil deines täglichen Lebens machen kannst.

Nimm dir täglich Zeit

Du musst dich selbst gegenüber verpflichten, Zeit für das Tagebuchschreiben einzuplanen. Nimm dir täglich fünf, zehn oder zwanzig Minuten Zeit für diese Tätigkeit. Das kann zu jeder Zeit sein, die dir passt. Idealerweise sollte es morgens sein, da dein Geist zu dieser Zeit am aktivsten ist. Wenn du morgens viel zu tun hast, kannst du die Nacht wählen, um alles zu dokumentieren, was an diesem Tag passiert ist.

Verwende die richtigen Tagebuch-Tools

Die Wahl der richtigen Methode und der richtigen Hilfsmittel ist der Schlüssel zur Beständigkeit deiner Gewohnheit. Beginne zunächst mit einem handschriftlichen Tagebuch, da es leicht zu führen ist. Ein digitales Tagebuch ist eine weitere Möglichkeit, die du nutzen kannst. Es gibt auch verschiedene mobile Anwendungen, mit denen das Führen von Tagebüchern sehr angenehm ist. Probiere jedes Tool ein paar Tage lang aus und entscheide dich dann für dasjenige, das dich am meisten anspricht.

Schaffe die richtige Umgebung für das Tagebuchschreiben

Du solltest eine angenehme Umgebung für das Tagebuchschreiben schaffen, ohne Lärm und Ablenkung. Da du über dich selbst und deine

Gedanken schreibst, musst du dich an einem Ort oder in einem Raum fernab der Anwesenheit anderer aufhalten. Auch die Technologie ist in der heutigen Zeit eine große Ablenkung; vermeide ihre Verwendung während des Schreibens.

Schütze deine Privatsphäre

Du solltest die Privatsphäre deines Tagebuchs um jeden Preis schützen. Am einfachsten ist es, wenn du es immer in deiner Tasche mit dir führst. Auf diese Weise hast du dein Tagebuch zur Hand, wenn du in eine unerwartete Situation gerätst, in der du deine Gedanken sofort aufschreiben musst. Erlaube niemandem, einen Blick in dein Tagebuch zu werfen, ganz gleich, wie sehr du dieser Person vertraust.

Datiere jeden Eintrag

Du solltest in deinem Tagebuch Einträge mit dem genauen Datum und der genauen Uhrzeit machen. Die Angabe des Datums ist wichtig, weil du später möglicherweise aufgefordert wirst, deine Tagebucheinträge noch einmal zu lesen. Datierte Einträge können dir helfen, den Gedankengang hinter wichtigen Lebensereignissen zu verstehen.

Was solltest du in dein persönliches Tagebuch schreiben?

Bevor du dich dies zur Gewohnheit machst, musst du wissen, was du in dein Tagebuch schreiben sollst. Es gibt eine ganze Reihe verschiedener Arten von

Tagebuchführung. Du musst herausfinden, was am besten zu dir passt und deine Ziele mit dem Tagebuchschreiben erfüllt.

Du kannst zum Beispiel die drei Dinge aufschreiben, für die du am dankbarsten bist, dein wichtigstes Tagesziel und die Lektionen, die du am Vortag gelernt hast. Studien haben gezeigt, dass das Schreiben über erschütternde Lebenserfahrungen Stress abbaut und die körperliche und geistige Gesundheit verbessert.

Sei ehrlich zu dir selbst

Ein Tagebuch ist etwas, das du für dich selbst schreibst; daher kannst du ehrlich und echt sein. Du solltest authentisch klingen und über deine ursprünglichen Gedanken nachdenken. Zögere nicht, über etwas zu schreiben, das dich beunruhigt hat. Sei offen für deine Gefühle und halte fest, wie du dich fühlst, anstatt zu überlegen, wie du dich fühlen solltest.

Fokus auf Einfachheit

Du musst keine ausgefallenen Notizbücher oder teure Tagebücher kaufen. Du kannst mit einem einfachen linierten Notizbuch beginnen. Denke auch daran, dass es sich bei einem Tagebuch nicht um eine professionelle Arbeit handelt. Du musst dir keine Gedanken über Sprache oder Grammatik machen. Wenn du dich zu sehr um Formalitäten kümmerst, wirst du mehr Zeit benötigen, um deine Gedanken zu Papier zu bringen. Die ganze Tätigkeit wird sich dann wie eine monotone Aufgabe anfühlen und nicht wie eine therapeutische Übung.

Es ist nur eine Frage der Zeit, bis das Tagebuchschreiben in deinen Autopilot-Modus übergeht. Das ist der Moment, in dem du eine natürliche Neigung zum Üben findest und es auch genießt.

Kommen wir nun zur Durchführungsstrategie der spirituellen Gewohnheiten.

Durchführung der Strategie

Dauer: Lege für jede spirituelle Gewohnheit eine feste Zeit fest und halte sie einige Tage lang strikt ein. Wenn du ein Tagebuch führen willst, beginne mit 5 Minuten und bleib dabei. Nach ein paar Wochen kannst du die Zeit ausdehnen.

Beste Zeit: Probiere jede Gewohnheit zu verschiedenen Zeiten aus. Du kannst die beste Zeit für eine Gewohnheit nur erkennen, wenn du sie zu anderen Zeiten ausprobiert hast. Vielleicht kannst du nachts besser Tagebuch schreiben und genießt es, früh am Tag Dankbarkeit zu üben. Nur durch Ausprobieren kannst du diese Erkenntnisse gewinnen.

Wichtige Erkenntnisse: Beobachte dich genau, wenn du an verschiedenen Gewohnheiten arbeitest, und sieh, wie deine Stimmung, dein Schlaf, deine Gesundheit, deine Umgebung und andere Faktoren eine bestimmte Gewohnheit beeinflussen.

Vielleicht hast du nicht die Kraft zu lächeln oder dankbar zu sein, wenn du nur 3 Stunden geschlafen hast, aber du fühlst dich dankbar und glücklich, wenn du 8 Stunden geschlafen hast. Solche Erkenntnisse helfen dir zu wissen, welche Faktoren du verbessern musst, um das Beste aus einer Gewohnheit herauszuholen.

Wie man es macht: So wie du den besten Zeitpunkt für die Arbeit an einer Gewohnheit herausfindest, solltest du auch die am besten geeignete Durchführungsstrategie herausfinden, indem du verschiedene Möglichkeiten zur Arbeit an einer bestimmten Gewohnheit ausprobierst.

Eine Strategie zum gemeinsamen Üben aller Mindset-Gewohnheiten

Hier ist eine einfache Strategie, die du ausprobieren kannst, um alle Denkgewohnheiten zusammenzubringen.

- Beginne deinen Tag mit einem Lächeln.

- Wenn du lächelst, denke an alles, wofür du in diesem Moment oder im Leben dankbar bist.

- Sei im Laufe des Tages freundlich zu allen und beherrsche den Drang, dich mit anderen zu vergleichen.

- Schreibe eine Sache auf, über die du viel nachdenkst, oder denke über deinen Lebenszweck nach und notiere die Ergebnisse in deinem Tagebuch.

- Führe den gleichen Zyklus 2- bis 3-mal am Tag durch.

Nimm dir vor, mit diesen Praktiken zu beginnen, und gib dir ein paar Wochen Zeit, um konsequent zu bleiben.

Eine einfache Schlussfolgerung

Es ist nicht unmöglich, sein Leben zum Besseren zu wenden. Ja, es erfordert ein bisschen harte Arbeit, aber wenn du es klug anstellst, ist selbst das keine schwierige Aufgabe. Die vielen Erfolgsgewohnheiten, die ich mit dir geteilt habe und die alle in Mikrogewohnheiten unterteilt sind, eignen sich perfekt, um dein Leben in ein blühendes Leben zu verwandeln.

Ich wünsche dir alles Gute bei deiner Arbeit für eine glückliche, erfolgreiche Zukunft und bin dir sehr dankbar, dass du dir die Zeit genommen hast, dieses Buch zu lesen. Es wird dein Leben verändern, aber nur, wenn du es zulässt. Ich bin mir sicher, dass du nur für dich selbst die richtige Entscheidung treffen wirst!

"Wenn man die richtigen kleinen Verhaltensweisen auswählt und sie in die richtige Reihenfolge bringt, muss man sich nicht motivieren, damit sie wachsen. Es wird ganz natürlich geschehen, wie ein guter Samen, der an einer guten Stelle gepflanzt wurde."

- BJ Fogg

[Hier eingeben]